A bűnről, a becsületről, és az ítéletről

"És amikor eljön, leleplezi a világ előtt, hogy mi a bűn, mi az igazság és mi az ítélet."

(János 16:8)

Szentség és hatalom sorozat (Bevezetés 1)

A bűnről, a becsületről, és az ítéletről

A kéthetes, különleges megújhódási istentisztelet-sorozat

Dr. Jaerock Lee

A bűnről, igazságról, és az ítéletről szerző: Dr. Jaerock Lee
Kiadta az Urim Books (Képviselő: Johnny. H. Kim)
73, Yeouidaebang-ro 22-gil, Dongjak-gu, Seoul, Korea
www.urimbooks.com

Minden jog fenntartva. Ez a könyv vagy annak egy része nem reprodukálható semmilyen formában, nem tárolható előhívható rendszerben, nem sokszorosítható semmilyen formában vagy eszköz által, elektronikus, mechanikai vagy fénymásolt, rögzített vagy más formában, a kiadó előzőleges írásos beleegyezése nélkül.

Hacsak másként nem jelöltük, az összes bibliai idézet a Károli Szent Bibliából származik. Engedéllyel felhasználva.

Copyright © 2016 Dr. Jaerock Lee
ISBN: 979-11-263-1181-1 03230
Fordítói Copyright © 2013 Dr. Esther K. Chung. Engedéllyel felhasználva.

Első kiadás 2023 december

Korábban koreai nyelven kiadta az Urim Books 2011-ben, Szöulban, Koreában
Szerkesztő: Dr. Geumsun Vin
Az Urim Books tervezői csapata tervezte
További információért lépjen velünk kapcsolatba az alábbi címen:
urimbook@hotmail.com

A szerző megjegyzése

Azért imádkozom, hogy az olvasóim igazságos emberekké váljanak, akik Isten nagyszerű szeretetét és áldását élvezhetik.

Amikor a nagy reformátor, Luther Márton fiatal volt, trauma érte. Egy napon, miközben ő és a barátja egy fa alá álltak az eső elől, lecsapott a villám, és a barátja, aki mellette állt, meghalt. Emiatt az esemény miatt Luther kolostorba vonult, szerzetessé vált, és istenfélő lett, aki elítéli a bűnt. Annak ellenére, hogy nagyon sok időt töltött a gyóntatószékben, nem talált megoldást a bűn problémájára. Függetlenül attól, hogy mennyit tanulmányozta a Bibliát, nem találta meg a választ a kérdésre: "Hogyan tud egy igaztalan ember az igazságos Isten kedvére tenni?"

Aztán egy napon, amikor Pál egyik levelét olvasta, végül megtalálta a békét, amelyet oly régóta keresett. Ahogy a Római 1:17-ben olvassuk: "Mert az Istennek igazsága jelentetik ki abban hitből hitbe, miképpen meg van írva: Az igaz ember pedig hitből él." Luther megvilágosult Isten igazsága tekintetében, bár eddig csak annak az Istennek az igazságát ismerte, aki minden ember fölött ítélkezik. Most rájött, hogy Isten az igazsága szerint szabadon megbocsát minden bűnt minden embernek, aki hisz Jézus Krisztusban, és még "igaznak" is nevezi őket. Miután rájött erre, Luther élete az igazság iránti olthatatlan szenvedély jegyében telt.

Ily módon Isten nem csak szabadon elismeri azokat, akik hisznek Jézus Krisztusban, hogy igazak, de a Szentlélekkel is megajándékozza őket, hogy ismerjék a bűnt, az igazságot és az ítéletet, hogy önként engedelmeskedjenek Istennek, és teljesítsék az Ő akaratát. Ezért: nem szabad megállnunk ott, hogy megkapjuk a Jézus Krisztust, és igaznak nevezzünk bennünket. Nagyon fontos, hogy valóban igaz személlyé váljunk úgy, hogy eldobjuk a bűnt és a gonoszságot magunkból a Szentlélek segítségével.

Az elmúlt tizenkét évben Isten megengedte a templomunknak, hogy kéthetes különleges megújhódási összejöveteleket tartsunk minden évben, ahol a felekezeti tagok áldásban részesülhettek, és igaz emberekké válhattak a hitben. Elvezetett minket arra a pontra, ahol válaszokat kaptunk az imáinkra, melyeket Hozzá küldtünk. Oda is elvezetett bennünket, hogy megértsük a szellem, a jóság, a fény és a szeretet különböző dimenzióit, hogy megkaphassuk Isten hatalmát az életünkben. Minden egyes eltelt évvel, ahogy a hitünkkel törekedtünk a szentség és a hatalom felé, Isten számos embert megáldott számos nemzetben, hogy megtapasztalja az Ő hatalmát, amelyet a Bibliában találunk, és amely túlmutat időn és téren.

Kiadtuk a megújhodási istentisztelet-sorozatot "Szentség és hatalom" címmel, mely Isten mély gondviselésének üzenetét tartalmazza, hogy az olvasók rendszer szerűen tanuljanak ezekről. Az első három év megújhodási üzenetei "Bevezetőként" szolgáltak. Ezek az igazság elérésének útjáról szólnak oly módon, hogy ledöntjük a falat, mely Isten és köztünk van. Aztán a következő négy év üzenetei a szentség ás hatalom eléréséről szólnak, mely az "Alapüzenet." Végül az utolsó öt év azt mutatja be, hogyan tapasztaljuk meg Isten hatalmát úgy, hogy az Isten Igéjét gyakoroljuk. Az "Alkalmazási" részét képezi ennek a kiadásnak.

Ma sok ember van, akik úgy élik az életüket, hogy nem is tudják, hogy mi a bűn, mi az igazság, és mi az ítélet. Még azok sem, akik templomba járnak, biztosak az üdvösségben, és világi életet élnek, úgy, ahogy bárki más a világon. Továbbá, nem Isten szerinti keresztény életet élnek, hanem aszerint élnek, amit ők gondolnak igazságnak. Ezért "A bűnről, igazságról és ítéletről" az első könyv "A szentség és hatalom" istentisztelet sorozatban, amely azzal foglalkozik, hogy hogyan élhetünk sikeres keresztény életet miközben minden bűnünket megbocsátják, és megvalósítjuk az életünkben Isten igazságát azért, hogy ezt a tanítást igazoljuk.

Ahhoz, hogy ezt a tanítást igazoljuk, az Ő hatalmával 1993-ban, az első ülés első napján, Isten megígérte, hogy számos olyan párnak küldi a fogantatás áldását, akik 5-6 éve voltak házasok, vagy akár 10 évig nem tudtak megfoganni. A megújhodás végére majdnem az összes pár megfogant, és családokat kezdtek nevelni.

Szeretném megköszönni Geumsun Vinnek, a kiadói hivatal igazgatójának és a beosztottainak a kemény munkájukat, amellyel lehetővé tették ennek a könyvnek a kiadását, és az Úr nevében imádkozom, hogy sok ember, aki ezt a könyvet olvassa, megoldhassa a bűn problémáját, és az összes hibájára választ kapjon!

2009. március
Jaerock Lee

Bevezetés

Ez a könyv, A bűnről, az igazságról és az ítéletről, 5 fejezetből áll, melyek a bűn, az igazság és az ítélet témájához kapcsolódnak. A könyv részletesen bemutatja, hogyan találhatunk a bűn problémájára megoldást, hogyan élhetünk olyan életet, amely áldásokat hoz azzal, hogy igazak vagyunk, és hogyan kerülhetjük el a bekövetkező ítéletet úgy, hogy helyette örök áldásokat élvezünk.

Az első fejezet a bűnről szól, és a címe "Üdvösség." Elmagyarázza, miért kell az embert megmenteni, és bemutatja, hogyan kell az üdvösséget megszerezni. Az ezt követő fejezet, "Az Atya, a Fiú és a Szentlélek," elvezeti az olvasót, hogy helyesen értse meg Isten hatalmát és tekintélyét, Jézus Krisztus nevét, és a Szentlélek irányítását, valamint azt, ahogyan ezek közösen dolgoznak azért, hogy valaki megkaphassa a világos megoldást a bűn problémájára, és a helyes úton járjon az üdvösség felé.

A következő fejezet, "A test munkái" elmagyarázza a bűnfal fogalmát, amely Isten és az ember között létezik. A következő fejezet, "Teremj gyümölcsöt, és gyakorolj bűnbánatot," elmagyarázza a gyümölcs termés jelentőségét úgy, hogy bűnbánatot gyakorlunk, hogy Jézus Krisztus által teljes üdvösséget nyerjünk.

Az utolsó fejezet a bűnről, "Vesd meg a gonoszt, és kapaszkodj a jó dolgokhoz," megtanítja az olvasót, hogy szabaduljon meg a gonosztól, mely visszatetsző Istennek, és jósággal cselekedjen, az igazság Igéje szerint.

Az első fejezet, amely a becsületességgel foglalkozik, "Becsületesség, amely az élethez vezet," világossá teszi, hogy a teljes emberiség, azaz mi, hogyan nyerhetjük el az örök életet Jézus Krisztus igazságos cselekedetei által. A fejezet, amelynek címe "A becsületesség hittel él," elmagyarázza, hogy milyen fontos, hogy rájöjjünk, hogy az üdvösség csak hittel érhető el, és ez az, amiért igaz hittel kell bírni.

A nyolcadik fejezet, "Krisztus engedelmességéhez," elmagyarázza, hogy a testi gondolatokat és elméleteket meg kell szüntetnünk, és Krisztusnak engedelmeskednünk kell, hogy igaz hitünk legyen, és bőséges életet élhessünk, amely tele van áldásokkal, és az imáinkra adott válaszokkal. A kilencedik fejezet, "Ő, akit az Úr dicsér," közelebbi pillantást vet a hit pátriárkáinak az életére, miközben megtanítja az olvasót, hogyan kell cselekednie annak érdekében, hogy Isten által megdicsért ember legyen. Az utolsó fejezet, mely a becsületről szól, az "Áldás" címet viseli. Ez Ábrahám életét és hitét elemzi, aki a hit Atyja volt, és az áldások magja. Ezt követi néhány gyakorlati tanács, amely által a hívő az áldások életét élvezheti.

Az első fejezet, mely az ítéletről szól, "Az Isten ellen való cselekvés bűne" címet viseli, és elmagyarázza, hogy mik a következményei annak, ha egy ember elköveti az Istennel való szembeszegülés bűnét. A következő fejezet, melynek címe "Eltörlöm az embert a föld színéről," leírja Isten ítéletét, amely akkor következik be, hogyha az ember gonoszsága eléri a határt.

A fejezet, melynek a címe: "Ne szegülj ellen az Ő akaratának," elmagyarázza az olvasóknak, hogy Isten ítélete akkor következik be, hogyha valaki az Ő akarata ellen szegül, és az embereknek rá kell jonniük, hogy milyen nagyszerű áldás Isten Igéjének és Akaratának engedelmeskedni, és Istennel alázatossá válni. Az "Ezt mondja a Seregek Ura" fejezetben a szerző elmagyarázza részletesen, hogyan gyógyulhat meg valaki, és hogyan hallgattatnak meg az imáink. Elmagyarázza azt is, hogy nagyon fontos olyan emberré válni, aki becsületes és istenfélő.

Az utolsó fejezet, "A bűnről, a becsületről és ítéletről," feltárja az utat, hogyan lehet a bűn problémáját megoldani, hogyan válhatunk becsületes emberré azzal, hogy találkozunk az élő Istennel. Ezzel elkerüljük az úton a végső ítélet bekövetkezését, és életünkben örök áldásokat élvezhetünk.

Ez a könyv a különböző utakat mutatja be, amelyeken mi,

akik elfogadtuk Jézus Krisztust, és megkaptuk a Szentlelket, üdvösséget és örök életet nyerhetünk, valamint válaszokat az imáinkra, és áldásokat. Az Úr nevében imádkozom, hogy ez által a könyv által nagyon sok ember becsületes asszonnyá és emberré váljon, akik Isten kedvére valók!

2009. március
Geumsun Vin
A szerkesztőiroda igazgatója

Tartalomjegyzék

A szerző megjegyzése
Bevezetés

1. Rész: A bűnről...

1. fejezet Üdvösség · 3

A teremtő Isten és az ember
A bűnfal Isten és az ember között
Az üdvösség igaz jelentése
Az üdvösség módszere
A Jézus Krisztus általi megváltás gondviselése

2. fejezet Az Atya, a Fiú, és a Szentlélek · 13

Ki Isten Atya?
Isten Atya – az emberi művelés legfelsőbb igazgatója
Ki a Fiú, Jézus Krisztus?
Jézus Krisztus, a megmentő
Ki a Szentlélek, a Segítő?
A Szentlélek, a Segítő munkája
A Szentháromság Istene beteljesíti az üdvösség gondviselését

3. fejezet A test munkái · 27

A test dolgai és a test munkái
A test cselekedetei, amelyek megakadályozzák, hogy az ember Isten országának örökségéből örököljön
A test látható cselekedetei

4. fejezet "Ezért teremd a
bűnbánat gyümölcseit" · 47

Ti vipera ivadékok
Teremd a bűnbánat gyümölcseit
Ne feltételezd, hogy Ábrahám az Atyád
"Minden fa, amely nem terem jó gyümölcsöt, kivágattatik és tűzre vettetik"
A bűnbánat tartás gyümölcsei
People who bore the fruits in keeping with repentance Azok, akik a bűnbánat gyümölcseit termik

5. fejezet "Vesd meg a gonoszt,
ragaszkodj a jóhoz." · 63

Hogyan jelenik meg a gonosz bűnként
A gonoszt eldobni, és jóságos személyiséggé válni
Egy gonosz és házasságtörő nemzedék, amely jelet vár
A gonosz formái, melyeket meg kell vetnünk

1. Szójegyzék

2. Rész A becsületességről…

6. fejezet Becsületesség, mely életre vezet · 83

A becsületesség Isten szemében
Az igazság egyetlen cselekedete, amely megmenti az egész emberiséget
Az igazság kezdete az Istenben való hit
Jézus Krisztus igazságossága, amelyet utánoznunk kell
Az igaz emberré válás módja
Az igazak megáldása

7. fejezet Az igazlelkűek hit által élnek · 97

Valóban igazságos emberré válni
Miért kell igazságossá válnunk?
Az igazak hit által élnek
Hogyan lehet lelki hitünk?
A hitben való életmód

8. fejezet Krisztus engedelmességéhez · 109

Testi, húsbeli gondolatok, amelyek ellenségesek Istennel szemben
Az "önelégültség" - az egyik legfontosabb húsbeli gondolat
Pál apostol megszüntette a húsbeli gondolatait
Az igazságosság, amely Istentől származik
Saul engedetlenül viselkedett Istennel a testi gondolatai miatt
Az út Isten igazságosságának teljesítéséhez a hit által

9. fejezet Ő, akit az Úr köszönt · 123

Akit az Úr kedvel
Isten jóváhagyását élvezni
A szenvedélyeidet és a vágyaidat a kereszten szúrd át
A pátriárkák, akik Isten előtt igazak voltak

10. fejezet Áldások · 137

Ábrahám, a hit Atyja
Isten úgy tekinti a hitet, mint igazlelkűséget, és áldását adja
Isten minőségi edényeket formal a próbákon keresztül
Isten menekülőutat ajánl, még az erőpróbák során is
Isten megáld minket, még az erőpróbák során is
Ábrahám edényének karaktere

2., 3. Szójegyzék

3. rész: Az ítéletről...

11. fejezet Az Istennel való ellenkezés bűne · 155

Ádám, az ember, akit Isten képére teremtettek
Ádám megette a tiltott gyümölcsöt
Ádám bűnének eredménye, mellyel engedetlen volt Istennel
Az ok, amiért Isten kihelyezte a jó és a gonosz tudásának fáját
A bűn által okozott átoktól mentes út
Saul Isten iránti engedetlenségének eredménye
Káin Isten iránti engedetlenségének eredménye

12. fejezet "Eltörlöm az embert a föld arcáról" · 167

A különbség egy gonosz és egy jó ember között
Miért jön Isten ítélete?
* Mert az ember gonoszsága nagy volt
* Mert a szív gondolata gonosz
* Mivel a szív minden szándéka mindig gonosz
Isten ítéletének elkerüléséért

13. fejezet Ne tégy az Ő akarata ellen · 179

Az ítélet akkor jön, amikor Isten akarata ellen állunk
Azok, akik ellenkeztek Isten akaratával

14. fejezet "Ezt mondja a Seregek Ura ..." · 193

Isten elutasítja a büszkéket
Hécsia királyának büszkesége
A hívők büszkesége
A hamis próféták büszkesége
Az ítélet azon emberek számára, akik büszkén és gonoszul járnak
Az igazak áldásai, akik félnek Istentől

15. fejezet A bűnről, becsületről, és az ítéletről · 203

A bűnről
Miért bírálja Ő a bűnt
Ami az igazlelkűséget illeti
Miért ítélkezik az igazságosságról?
 Az ítéletet illetően
A Szentlélek elítéli a világot
Vessük el a bűnt, és éljünk igaz életet

4. Szójegyzék

A bűnről

"...Bűn tekintetében, hogy nem hisznek én bennem"
(János 16:9)

"Hiszen, ha jól cselekszel, emelt fővel járhatsz; ha pedig nem jól cselekszel, a bűn az ajtó előtt leselkedik, és reád van vágyódása; de te uralkodjál rajta." (Genezis 4:7)

"'Csakhogy ismerd el a te hamisságodat, hogy hűtelenné lettél az Úrhoz, a te Istenedhez, és szertefutottál útaidon az idegenekhez mindenféle zöldelő fa alá, és az én szómra nem hallgattatok, ezt mondja az Úr." (Jeremiás 3:13)

"Bizony mondom néktek, hogy minden bűn megbocsáttatik az emberek fiainak, még a káromlások is mind, amelyekkel káromlanak: De aki a Szent Lélek ellen szól káromlást, nem nyer bocsánatot soha, hanem örök kárhozatra méltó;" (Márk 3:28-29)

"'Hogy pedig megtudjátok, hogy az ember Fiának van hatalma e földön megbocsátani a bűnöket, (monda a gutaütöttnek): Néked mondom, kelj fel, és fölvévén nyoszolyádat, eredj haza!'" (Lukács 5:24)

"Ezek után találkozék vele Jézus a templomban, és monda néki: Ímé meggyógyultál; többé ne vétkezzél, hogy rosszabbul ne legyen dolgod!'" (János 5:14)

"Avagy nem tudjátok, hogy akinek oda szánjátok magatokat szolgákul az engedelmességre, annak vagytok szolgái, akinek engedelmeskedtek: vagy a bűnnek halálra, vagy az engedelmességnek igazságra?" (Róma 6:16)

"Én fiacskáim, ezeket azért írom néktek, hogy ne vétkezzetek. És ha valaki vétkezik, van Szószólónk az Atyánál, az igaz Jézus Krisztus. És ő engesztelő áldozat a mi vétkeinkért; de nemcsak a mienkért, hanem az egész világért is." (1 János 2:1-2)

1. fejezet

Üdvösség

*"És nincsen senkiben másban
idvesség: mert nem is adatott
emberek között az ég alatt más
név, mely által kellene nékünk
megtartatnunk."
(Cselekedetek 4:12)*

Ezen a világon a vallástól és kultúrától függően az emberek különböző bálványokat imádnak, és van még egy olyan bálvány is, melyet az "Ismeretlen Istennek" hívnak (Cselekedetek 17:23). Van ma egy "feltörekvő vallás," egy olyan vallás, amelyet a különböző vallások különböző doktrínáiból alkottak, és amely nagyon sok figyelmet von magára. Nagyon sok ember elfogadta a "vallási pluralizmust," amely azon az elméleten alapszik, hogy minden vallásban van üdvösség. Azonban a Biblia azt mondja, hogy Isten a Teremtő, az egyetlen igaz Isten, és Jézus Krisztus az egyetlen Megmentő (Deuteronomé 4:39, János 14:6, Cselekedetek 4:12).

Isten, a Teremtő és az ember

Isten határozottan létezik. Azért létezünk, mert a szüleink életet adtak nekünk, és ugyanígy: az emberiség azért létezik, mert Isten megteremtett minket.

Amikor megnézünk egy kis órát, látjuk, hogy az apró darabok az órában bonyolultan dolgoznak együtt, hogy mutassák az időt. De senki sem néz az órára, és gondolja azt, hogy csak véletlenül, magától állt össze. Még egy kis óra is csak úgy létezhet ebben a világban, hogy valaki megtervezte és megalkotta. Mi a helyzet az univerzummal? A kis órához nem hasonlítható, mert az univerzum olyan bonyolult és annyira hatalmas, hogy az emberi elme nem képes befogni minden rejtelmét, és a teljes skáláját. Az a tény, hogy a naprendszer, mely csak egy kis része a világegyetemnek, pontosan, hiba nélkül működik, nagyon megnehezíti, hogy ne higgyünk Isten teremtésében.

Az emberi testtel ugyanez van. Minden szervet, sejtet és sok más testrészt, olyan tökéletesen rendeztek el, és ezek olyan bonyolult módon dolgoznak együtt, hogy elrendezésük és funkcióik valódi csodát jelentenek. Mégis, minden olyan dolog, amit az ember felfedezett az emberi testről, csak egy töredéke az összes felfedezni valónak. Hogyan mondhatjuk, hogy az emberi anatómia véletlenszerűen jött létre?

Hadd osszak meg egy egyszerű példát, melyet mindenki könnyen meg tud érteni. Egy személy arcán két szem, egy orr, két orrlyuk, egy száj, és két fül van. A szemek a fej felső részén helyezkednek el, az orr középen, a száj az orr alatt van, és a füleket a két oldalon találjuk. Az elrendezés ugyanaz, akár fekete, kaukázusi vagy ázsiai emberről beszélünk. Nem csak az emberek estében igaz ez. Ugyanez vonatkozik az állatokra, mint az oroszlánok, a tigrisek, az elefántok, a kutyák, és így tovább, és a madarakra, mint a sasokra és galambokra, sőt a halakra is.

Ha a darwini evolúció igaz lenne, akkor az állatoknak, a madaraknak és az embereknek különböző módon kellett volna fejlődniük, a saját környezetük szerint. Miért hasonlít az arcok kinézete és elrendezése? Ez a megingathatatlan bizonyíték arra, hogy mindannyiunkat az egyetlen Teremtő Isten teremtett meg. Az a tény, hogy mindannyian ugyanabban a formában jöttünk létre, azt mutatja, hogy a Teremtő nem több, hanem egy lény.

Eredetileg ateista voltam. Hallottam, hogy az emberek azt mondják, hogy ha a templomba megyek, megváltást nyerek. Azonban, nem is tudtam, hogy mi az üdvösség, vagy hogyan kell megkapni. Aztán egy nap, a gyomrom már nem működött a túlzott alkoholfogyasztástól, majd a következő hét évet ágyban fekve és betegen kellett eltöltenem. Anyám minden este vizet öntött egy tálba, elnézett a Göncölszekér felé, és összekulcsolta a két kezét, imádkozva a gyógyulásomért. Még a buddhista templomba is nagy pénzösszegeket adományozott, de a betegségem csak rosszabbodott. A kétségbeesett helyzetemen nem segített a Göncölszekér, és még Buddha sem. Isten segített. Abban a pillanatban, amikor az anyám meghallotta, hogy a templomi látogatásom után meggyógyultam, eldobta az összes bálványát, és elment a templomba. Ez azért volt, mert rájött, hogy csak Isten az egyetlen igaz Isten

Az Isten és ember között létező bűnfal

Annak ellenére, hogy egyértelmű bizonyíték van arra vonatkozóan, hogy a Teremtő Isten, aki teremtette az eget és a földet, létezik, miért nem hisznek Benne az emberek, vagy találkoznak Vele? Ez azért van, mert van egy bűnfal, amely gátolja Isten és az ember kapcsolatát. Mivel a Teremtő Isten igazságos, és nincs bűn Benne, ha bűnözünk, nem tudunk Vele kommunikálni.

Vannak olyan emberek, akik azt gondolják: "nincs bűnöm." Ahogy nem látjuk meg a foltot az ingünkön, ha egy sötét szobában állunk, ugyanígy: ha a sötétség közepén állunk, ami a hamisság, akkor nem látjuk a bűneinket. Tehát ha azt mondjuk, hogy hiszünk Istenben, de a lelki szemünk még mindig zárva van, akkor nem tudjuk felfedezni a bűneinket. Csak értelmetlenül járunk a templomba. Az eredmény? Akár tíz, vagy húsz évet járunk templomba anélkül, hogy találkoznánk Istennel, és nem kapunk választ semmilyen imádságra.

A szeretet Istene találkozni akar velünk, beszélni akar hozzánk, és válaszolni az imáinkra. Ezért kéri ezt Isten tőlünk: "Bontsd le a bűn falát közted és Köztem, hogy szabadon megoszthassuk a szeretettel teljes beszélgetéseinket. Kérlek, tedd lehetővé számomra, hogy elvegyem a fájdalmat és a szenvedést, amelyet jelenleg átölelsz."

Tegyük fel, hogy egy kisgyerek megpróbál befűzni egy szál cérnát a tű fokán. Nagyon nehéz feladat egy kisgyereknek ez, azonban viszonylag könnyű a gyerek szülője részére. Függetlenül attól, hogy mennyire akarja a szülő segíteni a gyereket, hogyha egy hatalmas fal létezik közöttük, akkor a szülő nem tud segíteni a gyerekének. Hasonlóan, hogyha egy hatalmas bűnfal létezik köztünk és Isten között, nem kaphatunk válaszokat az imáinkra. Így először és legfőképpen ezt a problémát kell megoldanunk: a bűn problémáját, és aztán meg kell kapnunk a végső megoldást, ami az üdvösség kérdése.

Az üdvösség vagy megmentés igazi jelentése

Társadalmunkban az a szó, hogy üdvösség vagy megmentés, különböző féle képpen használatos. Amikor megmentünk egy fuldokló embert, vagy segítünk valakinek, hogy helyreálljon az üzleti csődjéből, vagy hogyha egy családi krízisben segítünk valakinek, azt mondjuk, hogy "megmentettük" őket.

Mit tanít a megmentésről a Biblia? A Biblia szerint azt jelenti, hogy az emberiséget megmentik a bűnből, azaz behozzák a korlátok és határok közé, ahol Isten szeretné, hogy éljen, és ahol megkaphatja a megoldást a bűn problémájára, és örökkön örökké örülhet a mennyországban. Azaz, hogyha egyszerű lelki szavakba akarjuk önteni, az üdvösség belépője Jézus Krisztus, és az üdvösség háza a mennyország vagy Isten Királysága.

A János 14:6-ban Jézus ezt mondta: "Én vagyok az út, az igazság és az élet; senki sem mehet az Atyához, hanemha én általam." Ennélfogva az üdvösség azt jelenti, hogy valaki a mennyországba jut Jézus Krsiztus által.

Sok ember evangelizál, és hangsúlyozza az üdvösség megszerzésének fontosságát Miért van szükség az üdvösségre? Azért, mert a lelkünk halhatatlan. Amikor az emberek meghalnak, a lelkük különválik a testüktől, és azok, akik üdvösséget nyertek, a mennyországba mennek. Azok, akik nem kaptak üdvösséget, a pokolba mennek. A mennyország Isten Királysága, ahol örök öröm van, és a pokol az örökös fájdalom és szenvedés helye, amely a tűz és a kénkő tavaiból áll (Jelenések 21:8).

Mivel a mennyország és a pokol olyan helyek, amelyek valóban léteznek, léteznek olyan emberek, akik látták a poklot és a mennyországot a vízióik által, és sok olyan ember is van, akinek a lelke meglátogatta ezeket a helyeket. Hogyha valaki azt gondolja, hogy ezek az emberek hazudnak, akkor nagyon makacs. Mivel a Biblia világosan elmagyarázza a mennyországot és a poklot, hinnünk kell bennük. A Biblia más könyvekkel ellentétben tartalmazza az üdvösségre szóló üzenetet, Isten, a Teremtő szavait.

A Biblia feljegyzi az emberiség megalkotását, és azt, hogyan működött Isten eddig. Világosan elmagyarázza az emberiség bűnének a folyamatát, és hogy hogyan vált korrupttá, és kárhoztatott örök halálra, valamint azt is, hogyan mentette meg őt Isten. Azt is lejegyzi, hogy a múltban, a jelenben és a jövőben milyen események történtek vagy történnek, és mi Isten végső ítélete a végső időkben.

Nagyon fontos, hogy békésen, problémáktól mentesen éljünk ezen a világon. Azonban a mennyországgal összehasonlítva, az élet, amelyet ezen a világon élünk, nagyon rövid és átmeneti. Tíz év hosszú időnek tűnik, de hogyha visszanézünk, úgy tűnik, mintha tegnap lett volna. Az idő többi része a földön számunkra ugyanilyen. Lehet, hogy keményen dolgozik valaki, és nagyon sok dologra szert tesz, azonban ezek mind elromlanak, eltűnnek, amikor a földi élet befejeződik. Akkor mire jók ezek? Függetlenül attól, hogy mit birtokolunk, és mennyi a nyereségünk, nem tudjuk magunkkal vinni az örök életbe. Hogyha hírnevet és hatalmat szerzünk, amikor meghalunk, ez mind elhalványul, és elfelejtődik.

Az üdvösség módszere

Az Apostolok cselekedetei 4:12 ezt tartalmazza: "És nincsen senkiben másban idvesség: mert nem is adatott emberek között az ég alatt más név, mely által kellene nékünk megtartatnunk." A Biblia azt mondja, hogy Jézus Krisztus az egyetlen Megmentő, aki meg tud menteni bennünket. Akkor miért csak a Jézus Krisztus nevében lehetséges a megmentés? Ez azért van, mert a bűn problémáját meg kell oldani. Hogy jobban megértsük ezt, menjünk vissza Ádám és Éva idejébe, akik az emberiség gyökerét képezték.

Miután megteremtette Ádámot és Évát, Isten Ádámnak megadta a hatalmat és dicsőséget, hogy az összes teremtett dolog fölött uralkodjon. Hosszú ideig bőségben éltek az Édenkertben, amíg egy napon áldozatául estek a kígyó cselszövésének, és ettek a jó és a rossz tudásának fájáról. Miután Istennel engedetlenek voltak, mert ettek a gyümölcsből, melyet Isten megtiltott nekik, a bűn beléjük költözött (Genezis 3:1-6).

A Róma 5:12 ezt tartalmazza: "Annakokáért, miképpen egy ember által jött be a világra a bűn és a bűn által a halál, és akképpen a halál minden emberre elhatott, mivelhogy mindenek vétkeztek" Ádám miatt az egész emberiség bűnössé vált. Ennek eredményeként az egész emberiségre halál várt.

Isten nem feltételek nélkül mentette meg az emberiséget a bűntől. A Róma 5:18-19 ezt tartalmazza: "Bizonyára azért, miképpen egynek bűnesete által minden emberre elhatott a kárhozat: azonképpen egynek igazsága által minden emberre elhatott az életnek megigazulása. Mert miképpen egy embernek engedetlensége által sokan bűnösökké lettek: azonképpen egynek engedelmessége által sokan igazakká lesznek."

Ez azt jelenti, hogy - mivel a teljes emberiség bűnössé vált egy ember, Ádám bűne miatt, egyetlen ember engedetlensége által - a teljes emberiség megmenthető. Isten az összes teremtett dolog feje, és megfelelő sorrendben teszi lehetővé, hogy a dolgok megtörténjenek (1 Korintusi 14:40). Ezért előkészített egy embert, akinek megvolt az összes képessége, hogy a Megmentő legyen, és ez Jézus Krisztus volt.

A Jézus Krisztus általi megmentés gondviselése

A spirituális törvények között van egy, amely szerint "a bűn zsoldja a halál" (Róma 6:23). Másrészt, van egy olyan törvény, amely felment ez alól a bűn alól. Közvetlenül kapcsolódik ehhez a spirituális törvényhez az Izrael földjének megváltásáról szóló törvény. Ez a törvény lehetővé teszi, hogy egy ember eladja a földjét, de nem véglegesen. Hogyha egy ember gazdasági nehézségek miatt adta el a földjét bármikor, egy másik rokona bármikor visszavásárolhatja azt számára. Hogyha nincsenek gazdag rokonai, akik megtehetik ezt neki, akkor visszavásárolhatja, amikor visszanyerte a vagyonát (Leviticus 25:23-25).

A bűntől való megváltás ugyanígy működik. Hogyha valaki képes megváltani a bátyját a bűntől, tegye meg. Azonban, bárki is legyen az, meg kell hogy fizesse a bűnnek az árát.

Amint írva van az 1 Korintus 15:21-ben: "Miután ugyanis ember által van a halál, szintén ember által van a halottak feltámadása is." Aki megmenthet bennünket a bűntől, szintén ember kell hogy legyen. Ezért Jézus emberi test formájában jött a földre – egy olyan emberében, aki bűnössé vált.

Egy embernek, akinek adóssága van, nincsen meg a lehetősége, hogy visszafizesse valaki másnak az adósságát. Hasonlóképpen, egy bűnös ember nem tudja megmenteni az emberiséget a bűntől. Egy ember nemcsak a fizikai tulajdonságait és személyiségének jegyeit örökli a szüleitől, hanem a bűnös természetüket is. Hogyha megfigyelünk egy kisgyereket, és látunk egy másik gyereket az anyja ölében ülve, ez a gyerek nagyon nyugtalanná válik, és megpróbálja kinyomni a másik gyereket az anyjának az öléből. Senki nem tanította meg neki, mégis a féltékenység és az irigység természetesen árad belőle. Vannak olyan csecsemők, akik, amikor éhesek, ha azonnal nem kapnak ételt, ellenőrizhetetlen módon sírni kezdenek. Ez azért van, mert bűnös természetük van, és dühösek. A természetüket pedig a szüleiktől örökölték, ez a bűnös természet, az eredendő bűn. Ádám összes leszármazottja az eredendő bűnnel születik, és ezért egyik sem képes a másikat megváltani a bűntől.

Azonban Jézus a Szentlélek általi fogantatással született, ezért nem örökölte az eredendő bűnt egyetlen szülőtől sem. Amikor felnőtt, minden törvénynek engedelmeskedett, ezért semmilyen bűnt nem követett el. A spirituális birodalomban az ilyen bűntelenség hatalmat jelent.

Jézus örömmel fogadta a keresztre feszítés büntetését, mert volt benne szeretet, mellyel nem kímélte a saját életét sem, hogy az emberiséget megmentse a bűntől. Azért, hogy a törvény átkától megmentse az embert, meghalt a fakereszten (Galatea 3:13), és az értékes vérét kiontotta, melyet nem foltozott be az eredeti bűn vagy a saját bűnei. Az emberiség minden bűnéért megfizetett.

Azért, hogy a bűnösöket megmentse, Isten nem kímélte az egyetlen Fiát a kereszthaláltól. Ez a nagyszerű szeretet, melyet nekünk adott. Jézus bebizonyította a szeretetét irántunk azzal, hogy a saját életét adta, hogy békeáldozattá váljon köztünk és Isten között. Jézus mellett senki sincs, akiben ilyen szeretet és hatalom van, hogy megmentsen bennünket a bűntől Ez az oka annak, hogy csak Jézus Krisztus által kaphatunk üdvösséget.

2. fejezet

Az Atya, a Fiú, és a Szentlélek

"Ama vígasztaló pedig, a Szent Lélek, akit az én nevemben küld az Atya, az mindenre megtanít majd titeket, és eszetekbe juttatja mindazokat, amiket mondottam néktek." (János 14:26)

Ha megnézzük a Genezis 1:26-ot, ezt olvassuk: "És monda Isten: Teremtsünk embert a mi képünkre és hasonlatosságunkra;" Itt a harmadik személy a Szentháromság Istenére vonatkozik: az Atya, a Fiú és a Szentlélek. Habár mindhárom szerep, az Atya, a Fiú és a Szentlélek különbözik az ember megalkotásában és az üdvösség gondviselésében, ez a három ugyanaz eredetét tekintve, ezért úgy hívjuk őket, hogy a Szentháromság Istene, vagy Isten Szentháromsága.

Ez a keresztény hit nagyon fontos doktrínája, és - mivel a titkos üzenet Isten, a Teremtő eredetéről - nagyon nehéz teljesen megérteni mint fogalmat az ember korlátolt logikájával és tudásával. Azonban, annak érdekében, hogy a bűn problémáját megoldjuk, és teljes üdvösséget kapjunk, helyesen meg kell értenünk a Szentháromság Atya Istenének, Fiú Istenének, és Szentlélek Istenének a fogalmát. Csak ha megértettük ezt, tudjuk élvezni az Isten gyermekeinek járó áldást és tekintélyt.

Ki az Atya Isten?

Mindenekelőtt Isten az univerzum alkotója. A Genezis első fejezete leírja, hogyan alkotta meg Isten az univerzumot. A teljes semmiből Isten megteremtette a mennyet és a földet hat nap alatt az Igéjével. Aztán a hatodik napon Isten megalkotta Ádámot, aki az emberiség atyja. Csak ha megnézzük a rendet és harmóniát a teljes teremtésben, tudhatjuk meg, hogy Isten él, és egy teremtő Isten van.

Isten mindentudó. Isten tökéletes és mindent tud. Ezért a jövendő eseményeket úgy juttatja a tudomásunkra, hogy próféciákat mondat azokkal a személyekkel, akik szoros közösségben vannak Vele (Ámos 3:7). Isten mindenható, és mindenre képes. Ezért a Biblia számtalan olyan jelet és csodát tartalmaz, melyet az ember ereje és képessége révén nem tud elérni.

Továbbá, Isten Önmagában létezik. Az Exodus 3. fejezetében olvasunk egy jelenetet, ahol Isten megjelenik Mózesnek. Egy égő bokorban Isten elhívja őt, hogy az egyiptomi Exodus vezetőjévé váljon. Ezt mondja Mózesnek: „Vagyok, aki vagyok." Az egyik jellemzőjét magyarázta el, a Saját Maga általi Létezését. Ez azt jelenti, hogy senki nem teremtette meg Őt, és nem született senki Istennel együtt. Már a kezdetektől egyedül létezett.

Isten a Biblia szerzője is. Mivel a Teremtő Isten messze meghaladja az embert, nehéz megmagyarázni a Létét az ember szemszögéből. Ez azért van, mert Isten egy végtelen lény; ezért korlátozott betekintéssel az ember nem tudhat meg teljesen mindent Róla.

A Bibliában Isten Atyának más és más a neve, a helyzettől függően. Az Exodus 6:3 ezt tartalmazza: "Ábrahámnak, Izsáknak és Jákóbnak úgy jelentem meg mint mindenható Isten, de az én Jehova nevemen nem voltam előttük ismeretes" És az Exodus 15:3 ezt mondja: "Vitéz harcos az Úr; az ő neve Jehova." Az ÚR név nem csak azt jelenti, hogy "az, aki egyedül létezik," hanem az egyetlen, igaz Istent is, aki a világ összes nemzete fölött uralkodik, és minden fölött, ami benne van.

És az „Isten" szót abból a célból használják, hogy megmutassák: minden fajjal, országgal vagy egyénnel együtt van, ezért ez a név Isten emberségének bemutatására szolgál. Míg az „Úr" név a tágabb, nyilvánosabb név az Istenség számára, „Isten" az Isten emberségének a kifejezése, aki szoros, spirituális közösséggel rendelkezik minden egyes emberrel. „Ábrahám Istene, Izsák Istene és Jákób Istene" egy ilyen példa.

Miért hívjuk tehát ezt az Istent „Atya Istennek"? Ez azért van, mert Isten nemcsak az egész univerzum kormányzója és a végső Bíró, de ami a legfontosabb, Ő a legfőbb igazgatója az ember művelésének megtervezésének és végrehajtásának. Ha hiszünk ebben az Istenben, akkor „Atyának" nevezhetjük, és megtapasztalhatjuk a csodálatos erejét és áldását annak, hogy az Ő gyermekei lehetünk.

Isten Atya: az emberi művelés legfelsőbb igazgatója

A Teremtő Isten az emberi művelést annak érdekében kezdte meg, hogy valódi gyermekeket szerezzen, akikkel valódi, szerető kapcsolatot oszthatna meg. Mivel az összes teremtett dolognak van kezdete és vége, az ember földi életének is van kezdete és vége.

A Jelenések 20:11-15 ezt tartalmazza: "És láték egy nagy fehér királyiszéket, és a rajta űlőt, akinek tekintete elől eltűnék a föld és az ég, és helyök nem találtaték. És látám a halottakat, nagyokat és kicsinyeket, állani az Isten előtt; és könyvek nyittatának meg, majd egy más könyv nyittaték meg, amely az életnek könyve; és megítéltetének a halottak azokból, amik a könyvekbe voltak írva, az ő cselekedeteik szerint. És a tenger kiadá a halottakat, akik ő benne voltak; és a halál és a pokol is kiadá a halottakat, akik ő nálok voltak; és megítéltetének mindnyájan az ő cselekedeteik szerint. A pokol pedig és a halál vettetének a tűznek tavába. Ez a második halál, a tűznek tava. És ha valaki nem találtatott beírva az élet könyvében, a tűznek tavába vetteték."

Ez a rész a Nagy Fehér Trón ítéletének a magyarázata. Amikor az ember művelése véget ér itt a földön, az Úr visszatér a levegőben, hogy magával vigye az összes hívőt. Azok a hívők, akik élnek, felemelkednek a levegőbe, ahol a hétéves esküvői bankett kerül megrendezésre. Amíg az esküvői bankett folyik a levegőben, hét évnyi megpróbáltatás lesz a Földön. Ez után az Úr visszatér a Földre, és uralkodik majd egy évezreden át. Az ezredforduló után lesz a Nagy Fehér Trón ítélete. Ekkor Isten azon gyermekei, akiknek nevét az élet könyvében rögzítik, a Mennybe fognak menni, de azokat, akiknek neve nem szerepel az élet könyvében, a cselekedeteik alapján ítélik meg, majd a pokolba mennek.

Amikor megnézzük a Bibliát, láthatjuk, hogy attól a pillanattól fogva, amikor Isten megteremtette az embert, máig, Isten ugyanúgy szeret minket. Még miután Ádám és Éva vétkezett, és száműzték őket az Édenkertből, Isten ekkor is tudat minket az Ő akaratáról, az Ő gondviseléséről és az elkövetkező dolgokról az igazságos emberek által, mint Noé, Ábrahám, Mózes, Dávid és Dániel. Még ma is, Isten ereje és jelenléte nyilvánvaló az életünkben. Olyan embereken keresztül dolgozik, akik valóban elismerik Őt, és szeretik Őt.

Ha megnézünk az Ótestamentumot, láthatjuk, hogy mivel Isten szeret minket, azt tanítja nekünk, hogy ne essünk bűnbe, és hogyan éljünk az igazlelkűségben. Megtanítja nekünk, hogy mi a bűn és az igazság, hogy elkerüljük az ítéletet. Azt is tanítja nekünk, hogy amint imádjuk Őt, külön ünnepeket kell tartanunk, hogy áldozatokat hozzunk Neki, hogy ne felejtsük el az élő Istent. Látjuk, hogy megáldja azokat, akik hisznek Benne, és azoknak, akik vétkeznek, megadja a lehetőséget, hogy elforduljanak bűneiktől - akár büntetés által, akár más módon. Felhasználja a prófétáit, hogy feltárja az Akaratát, és megtanítson bennünket, hogy az igazságban éljünk.

Az emberek azonban nem engedelmeskedtek, hanem inkább bűnt követtek el újra. Annak érdekében, hogy megoldja ezt a problémát, elküldte az Üdvözítőt, Jézus Krisztust, akit az idő kezdete előtt előkészített. És megnyitotta az üdvösség útját, hogy minden ember hit által megmenthető legyen.

Ki a Fiú, Jézus Krisztus?

Az a személy, aki bűnt követett el, nem bírálhat meg egy másik embert a bűne miatt, így egy bűntelen emberre volt szükség. Ezért kellett magának Istennek felvennie a testet, és eljönnie ebbe a világba - Jézus által. Mivel a bűn fizetése a halál, Jézusnak a kereszten kellett elszenvednie a kivégzést annak érdekében, hogy a bűneinkért feloldozást nyerjen. Ez azért van, mert a vér elfolyása nélkül nincs bűnbocsánat (Leviticus 17:11, Zsidók 9:22).

Isten gondviseléséből Jézus egy fakereszten halt meg, hogy megszabadítsa az emberiséget a törvény átka alól. Miután megváltotta az emberiséget a bűnöktől, harmadnapon feltámadt a halálból. Ezért mindenki, aki hisz Jézus Krisztusban, mint Megváltójában, bocsánatot nyer a bűnök alól, és megváltást kap. Ugyanúgy, mint Jézus, aki a feltámadás első gyümölcse lett, mi is feltámadunk és belépünk a mennyországba.

A János 14:6-ban Jézus ezt mondja: "Én vagyok az út, az igazság és az élet; senki sem mehet az Atyához, hanemha én általam." Jézus az út, mert Ő lett az emberiség számára a mód, ahogyan beléphet a mennyországba, ahol az Atya Isten uralkodik. Ő az igazság, mert Ő az Isten igéje, aki testté vált, és eljött erre a világra. És Ő az élet, mert egyedül Őáltala az ember megkapja az üdvösséget és az örök életet.

Amíg itt volt a földön, Jézus teljesen betartotta a törvényt. Izrael törvényeivel összhangban, a megszületése után a nyolcadik napon körülmetélték. Harminc éves koráig a szüleivel élt, és teljesítette a feladatait. Jézusnak sem eredeti bűne, sem saját elkövetett bűne nem volt. Ezért így írnak Jézusról az 1 Péter 2:22-ben: "Aki bűnt nem cselekedett, sem a szájában álnokság nem találtatott."

Röviddel később, Isten akaratának megfelelően, Jézus negyven napi böjtbe kezdett, mielőtt elkezdte teljesíteni a szolgálatát. Sok embernek mesélt az élő Istenről és a mennyek országának evangéliumáról, és Isten hatalmát mutatta, bárhová ment. Világosan megmutatta, hogy Isten az igazi Isten, és hogy Ő az élet és a halál legfőbb felügyelője.

Azért jött Jézus erre a világra, hogy az egész emberiséget értesítse Isten Atyáról, hogy elpusztítsa az ellenséges ördögöt, hogy megmentsen bennünket a bűntől, és elvezessen minket az örök élet felé. Tehát a János 4:34-ben Jézus azt mondja: „Az én eledelem az, hogy annak akaratját cselekedjem, aki elküldött engem, és az ő dolgát elvégezzem."

Jézus Krisztus, a Megmentő

Jézus Krisztus nem csak egyike a négy legnagyobb filozófusnak, akiket a világ valaha ismert. Ő a Megváltó, aki megnyitja az üdvösség útját az egész emberiség számára. Ezért nem lehet ugyanolyan szintre helyezni Őt, mint az embereket általában, akik egyszerű teremtmények. Ha megnézed a Filippi 2:6-11-et, ezt találod:

"Aki, mikor Istennek formájában vala, nem tekintette zsákmánynak azt, hogy ő az Istennel egyenlő, Hanem önmagát megüresíté, szolgai formát vévén föl, emberekhez hasonlóvá lévén; És mikor olyan állapotban találtatott mint ember, megalázta magát, engedelmes lévén halálig, még pedig a keresztfának haláláig.

Annakokáért az Isten is felmagasztalá őt, és ajándékoza néki oly nevet, amely minden név fölött való; Hogy a Jézus nevére minden térd meghajoljon, mennyeieké, földieké és föld alatt valóké. És minden nyelv vallja, hogy Jézus Krisztus Úr az Atya Isten dicsőségére."

Mivel Jézus engedelmeskedett Istennek, és Isten akarata szerint feláldozta magát, Isten felemelte őt a lehető legmagasabb helyre a jobbján, és a Királyok királyának, és az Urak Urának nevezte.

Ki a Szentlélek, a Segítő?

Amikor Jézus itt volt ezen a földön, az idő és a tér korlátozottsága mellett kellett dolgoznia, mert emberi testben volt. Terjesztette az evangéliumot Júdeában, Samariában és Galileában, de nem tudta távoli régiókra is elterjeszteni. Azonban, miután feltámadt és felment a Mennybe, elküldte nekünk a Szentlelket, a Segítőt, aki az egész emberiségre rászállt, túlszárnyalva az idő és a tér korlátozottságát.

A „segítő" definíciója: „olyan próféta, aki megvéd, meggyőz, vagy segít másoknak megtalálni a rosszat magukban." „Olyan tanácsadó, aki másokat bátorít és erősít."

Mivel szent és egy Istennel, a Szentlélek még az Isten szívének mélységét is ismeri (1 Korinthusbeliek 2:10). Mivel egy bűnös nem látja Istent, ugyanúgy a Szentlélek nem tud egy bűnösben lakni. Tehát mielőtt Jézus megváltott volna minket a kereszthalálával és a vérének kifolyásával, a Szentlélek nem juthatott volna el a szívünkbe.

Azonban miután meghalt, majd feltámadt, a bűn problémája megoldódott, és bárki, aki megnyitja a szívét, és elfogadja Jézus Krisztust, megkaphatja a Szentlelket. Amikor egy ember hit által megerősödik, Isten megadja neki a Szentlélek ajándékát, hogy a Szentlélek azután a szívében lakhasson. A Szentlélek vezet minket, és rajta keresztül tudunk kommunikálni Istennel.

Miért adja meg Isten a gyermekeinek a Szentlélek ajándékát? Azért, mert ha nem jön el hozzánk a Szentlélek, és nem élénkíti fel a lelkünket - ami halott Ádám bűne miatt - nem tudunk eljutni az igazsághoz, vagy az igazságban élni. Amikor a Jézus Krisztusban hiszünk és megkapjuk a Szentlelket, a Szentlélek a szívünkbe jön, és megtanítja nekünk Isten törvényét - ami az Igazság - hogy ezen törvények szerint, és az igazságban élhessünk.

A Szentlélek, a Segítő munkája

The primary work of the Holy Spirit is the work for us to be born again. By being born again, we realize God's laws and try to abide by them. This is why Jesus said, A Szentlélek elsődleges munkája az, hogy újra megszülessünk. Azáltal, hogy újra megszületünk, felismerjük Isten törvényeit, és megpróbáljuk betartani őket. Ezért mondta Jézus:

"Felele Jézus: Bizony, bizony mondom néked: Ha valaki nem születik víztől és Lélektől, nem mehet be az Isten országába. Ami testtől született, test az; és ami Lélektől született, lélek az." (János 3:5-6). Tehát, hacsak nem születünk újra a vízből és a Szentlélekből, nem nyerhetünk megváltást.

Itt a víz az élő vízre utal - Isten Igéjére. Teljesen meg kell tisztulnunk, és át kell alakulnunk Isten Igéjével, vagy az igazsággal. Tehát: mit jelent újjászületni a Szentlélektől? Amikor elfogadjuk Jézus Krisztust, Isten megadja nekünk a Szentlélek ajándékát, és elismer minket, mint a gyermekeit (Apostolok Cselekedetei 2:38). Az Isten gyermekei, akik megkapják a Szentlelket, meghallják az igazság szavát, és megtanulnak különbséget tenni a jó és a rossz között. Ha teljes szívvel imádkoznak, Isten megadja nekik a kegyelmet és az erőt, hogy az Ő Igéje szerint éljenek. Ez a Szentlélektől való újjászületés. Attól függően, hogy a Szentlélek milyen mértékben születik meg minden egyes ember számára, az ember átalakul az igazság által. És attól függően, hogy az egyén mennyire változik meg az igazság szerint, lelki hitet kaphat Istentől.

Másodszor, a Szentlélek segíti a gyengeségeinket, és mély szavakkal buzgó beszédeket intéz hozzánk, hogy imádkozzunk (Róma 8:26). Megszakít bennünket, hogy jobb edényekké változtasson minket. És ahogyan Jézus mondta:
"Ama vígasztaló pedig, a Szent Lélek, akit az én nevemben küld az Atya, az mindenre megtanít majd titeket, és eszetekbe juttatja mindazokat, amiket mondottam néktek." (János 14:26). A Szentlélek elvezet az igazsághoz, és tudósít bennünket az elkövetkező eseményekről (János 16:13).

Továbbá, ha engedelmeskedünk a Szentlélek vágyainak, Ő megengedi, hogy gyümölcsöt teremjünk, és lelki ajándékokat kapjunk tőle. Tehát, ha megkapjuk a Szentlelket, és az igazság szerint cselekszünk, Ő bennünk dolgozik, hogy a szeretet, az öröm, a béke, a türelem, a kedvesség, a jóság, a hűség, a szelídség és az önuralom gyümölcseit teremjük (Galatea 5:22-23). Ezen kívül, olyan ajándékokat is ad, amelyek a lelki életünkben hasznosak számunkra, mint hívők számára, mint például a bölcsesség szava, a tudás, a hit, a gyógyítás ajándéka, a csodák végrehajtásának képessége, a prófécia, a különféle szellemek megkülönböztetése, a nyelvek értelmezése (1Korintusi 12: 7-10).

Továbbá a Szentlélek szól is hozzánk (Apostolok Cselekedetei 10:19), parancsokat ad nekünk (Apostolok Cselekedetei 8:29), és időnként tilt bennünket, hogy cselekedjünk, ha az Isten akarata ellen tesszük (Apostolok Cselekedetei 16: 6).

A Szentháromság Istene teljesíti az üdvösség gondviselését

Tehát az Atya, a Fiú és a Szentlélek eredetileg mind egyek voltak. Kezdetben ez az egy Isten, a Fényben létező, a csengő hanggal, az egész világegyetemet irányította (János 1: 1; 1 János 1: 5). Aztán egy ponton, hogy igazi gyerekeket szerezzen, akikkel megoszthatta a szeretetét, elkezdte tervezni az emberi művelés gondviselését. Megosztotta az egyetlen helyet, amelyben eredetileg lakott, és úgy kezdett létezni, mint a Szentháromság Istene.

A Fiú Isten, Jézus Krisztus az Eredeti Istennek született (ApCsel 13:33, Zsidók 5: 5), és a Szentlélek Isten, szintén az Eredeti Istentől származott (János 15:26, Galaták 4: 6). Ezért az Atya Isten, a Fiú Isten és az a Szentlélek Isten - a Szentháromság Istene - teljesítette az emberiség megváltásának gondviselését, és továbbra is teljesíti azt, egészen a Nagy Fehér Trón ítéletéig.

Amikor Jézust keresztre feszítették, nem egyedül szenvedett. Az Atya Isten és a Szentlélek is megtapasztalta a fájdalmát. Ahogyan a Szentlélek teljesíti a szolgálatát, gyászol és közbenjár a lelkekért itt a földön, az Atya Isten és az Úr is együtt dolgozik vele.

Az 1 János 5:7-8 ezt tartalmazza: "Mert hárman vannak, akik bizonyságot tesznek a mennyben, az Atya, az Íge és a Szent Lélek: és ez a három egy. És hárman vannak, akik bizonyságot tesznek a földön, a Lélek, a víz és a vér; és ez a három is egy." A víz az Isten Igéjének a szolgálatát jelképezi spirituális értelemben, míg a vér az Úr szolgálatát szimbolizálja, és a Vérének a kereszten történő kiontását. A Szentháromság Istene bizonyítékot ad az üdvösségre vonatkozóan a munkája által, minden hívőnek.

A Máté 28:19 ezt tartalmazza: "Elmenvén azért, tegyetek tanítványokká minden népeket, megkeresztelvén őket az Atyának, a Fiúnak és a Szent Léleknek nevében." És a 2 Korintusi 13:14 ezt tartalmazza: "Az Úr Jézus Krisztusnak kegyelme, és az Istennek szeretete, és a Szent Léleknek közössége mindnyájatokkal." Itt láthatjuk, hogy az emberek megkeresztelkednek és áldottak a Szentháromság Istene nevében.

Ily módon, mivel az Atya Isten, a Fiú Isten és a Szentlélek Isten egy természetű, egy szívből és egy lélekből származik, mindenikük szerepe az ember művelésében rendezett módon megkülönböztethető. Isten világosan megkülönböztette az Ószövetségi időszakot, ahol maga az Atya Isten vezette népét, az Újszövetség időszakát, ahol Jézus eljött erre a világra, hogy az emberiség Megmentője legyen, és az utolsó kegyelem időszakát, ahol a Szentlélek, a Segítő végzi szolgálatát. A Szentháromság Istene mindegyik időszakban teljesítette akaratát.

A Cselekedetek 2:38 ezt tartalmazza: "Térjetek meg és keresztelkedjetek meg mindnyájan a Jézus Krisztusnak nevében a bűnöknek bocsánatjára; és veszitek a Szent Lélek ajándékát." Amint írva van a 2 Korintusi 1:22-ben: "Aki el is pecsételt minket, és a léleknek zálogát adta a mi szíveinkbe," Ha elfogadjuk Jézus Krisztust, és megkapjuk a Szentlelket, nemcsak a jogot kapjuk meg, hogy Isten gyermekeivé váljunk (János 1:12), de a Szentlélek útmutatását is megkaphatjuk, hogy megszabaduljunk a bűntől, és a Fényben éljünk. Amikor a lelkünk boldogul, minden dologban boldogulni fogunk, és mind a szellemi, mind pedig a fizikai egészség áldását megkapjuk. És miután eljutunk a Mennybe, örömmel élvezzük az örök életet is!

Ha az Atya Isten egyedül létezne, nem tudnánk teljesen megkapni a megváltást. Szükségünk van Jézus Krisztusra, mert csak a bűneinktől való megszabadulás után léphetünk be Isten országába. És ha meg akarjuk szüntetni a bűneinket, és keresni akarjuk Isten képét, szükségünk van a Szentlélek segítségére. Mivel a Szentháromság Istene - az Atya, a Fiú és a Szentlélek – segít nekünk, teljes üdvösséget kapunk, és dicsőséget adunk Istennek.

Glossary

A hús, és a hús munkái

A „hús" kifejezés spirituális szempontból egy általános kifejezés, amely a szívünkben lévő hamisságra utal, amely cselekvéseinkben megnyilvánul. Ilyen amikor a gyűlölet, az irigység, a házasságtörés, a büszkeség és hasonlók konkrét cselekvésben nyilvánul meg, mint például az erőszak, visszaélések, gyilkosságok, stb. Együttesen ezeket „testnek" nevezzük, és mindenik bűnt ezek közül egyénileg a „hús munkájának" nevezzük.

A test vágya, a szemek vágya, az élet büszke büszkesége

"A hús vágyakozása" arra a természetre utal, amellyel az ember a test vágyait követve bűnöket követ el. Ezek a tendenciák a gyűlölet, a büszkeség, a lustaság, a házasságtörés, stb. Amikor ezek a bűnök egy bizonyos környezettel találkoznak, melyek provokálják őket, a hús vágyakozása megnyilvánul. Például, ha valakiben megvan a bűnös vágy, hogy másokat elitéljen, akkor szeretni fogja a híresztelést, és élvezni fogja a pletykálkodást.

"A szem vágya" a bűnös természetre utal, amellyel egy személy a hús dolgait kívánja. Hogyha a szívét az érzékszervei által provokálják, és hogyha a szemével lát, és a fülével hall dolgokat, a szem vágya felébred. Ha látunk és hallunk dolgokat a világból, és ezeket a dolgokat nem szüntetjük meg, hanem továbbra is tápláljuk őket, akkor a hús vágya felébred, és végül bűnözni fogunk.

"Az élet dicsekvő büszkesége" olyan ember bűnös természetére utal, aki büszkélkedik, miközben a világ örömeit követi. Ha valakiben megvan ez a bűnös természet, akkor folyamatosan arra törekszik, hogy megszerezze a világ dolgait, hogy kérkedjen aztán velük.

3. fejezet

A hús munkái

"A testnek cselekedetei pedig nyilvánvalók, melyek ezek: házasságtörés, paráznaság, tisztátalanság, bujálkodás Bálványimádás, varázslás, ellenségeskedések, versengések, gyűlölködések, harag, patvarkodások, visszavonások, pártütések. Irígységek, gyilkosságok, részegségek, dobzódások és ezekhez hasonlók: melyekről előre mondom néktek, amiképpen már ezelőtt is mondottam, hogy akik ilyeneket cselekesznek, Isten országának örökösei nem lesznek."
(Galatea 5:19-21, NKJV)

Még a keresztények között is vannak olyanok, akik régóta hívők, mégsem ismerik a „hús műveit." Ez azért van, mert sok esetben az egyházak konkrétan nem tanítanak a bűnről. Azonban, a Máté 7: 21-ben világosan megírták:
"Nem minden, aki ezt mondja nékem: Uram! Uram! megyen be a mennyek országába; hanem aki cselekszi az én mennyei Atyám akaratát," pontosan meg kell tudnunk, mi az Isten akarata, és határozottan tudnunk kell, milyen bűnöket gyűlöl Isten.

Isten nem csak a látható tévedéseket nevezi "bűnöknek", hanem a gyűlölködést, irigységet, féltékenységet, mások megítélését és elítélését, érzéketlenséget, hazugságot, stb. A Biblia szerint „Bármi, ami nem hitből való" (Róma 14:23), vagy: tudva a helyes útról, de nem azt cselekedve (Jakab 4:17), nem cselekedve a jót, amit akarunk, hanem a gonoszságot, amit nem akarunk (Róma 7:19-20), a test cselekedetei (Galatea 5:19-21), és a testi dolgok (Róma 8: 5), mind bűnök.

Ezek a bűnök egy falat képeznek, amely köztünk és Isten között áll, ahogy az Ésaiás 59: 1-3-ban íródott:
"Ímé, nem oly rövid az Úr keze, hogy meg ne szabadíthatna, és nem oly süket az ő füle, hogy meg nem hallgathatna; Hanem a ti vétkeitek választanak el titeket Istenetektől, és bűneitek fedezték el orcáját ti előttetek, hogy meg nem hallgatott. Mert kezeitek bemocskolvák vérrel, és ujjaitok vétekkel, ajkaitok hazugságot szólnak, nyelvetek gonoszt suttog."

Konkrétan milyen bűnfalak léteznek köztünk és Isten között?

A hús dolgai, és a hús cselekedetei

Általában az emberi testre való utalásnál a „test" és a „hús" szavak egymással felcserélhetők. A „hús" szellemi definíciója azonban más. Galatea 5:24 szerint:
"Akik pedig Krisztuséi, a testet megfeszítették indulataival és kívánságaival együtt." Now this does not mean we have literally crucified our bodies. Ez nem jelenti azt, hogy szó szerint keresztre feszítjük a testünket.

Ahhoz, hogy megértsük a fenti vers jelentését, meg kell ismernünk a „test" szó szellemi jelentését,. A „test" szónak nem minden használata bír szellemi jelentéssel. Néha egyszerűen az emberi testre utal. Ha jobban megismerjük ezt a kifejezést, láthatjuk, mikor használják a szót a szellemi konnotációval, és mikor nem.

Eredetileg az ember lélekkel, szellemmel és testtel jött létre, és nem volt benne bűn. Azonban, mivel ellenszegült Isten Igéjének, az ember bűnös lett. És mivel a bűn zsoldja a halál (Róma 6:23), a lélek, ami az ember mestere, meghalt. És az emberi test olyan hiábavaló dologgá vált, amely az idő múlásával végül elsenyved, felbomlik, és visszatér egy marék porba. Az ember teste bűnös, és a cselekvéseivel bűnöket követ el. Itt jön be a „hús" szó.

A „hús" mint spirituális kifejezés, a bűnös természet és az emberi test kombinációját jelenti, amelyből az igazság eltűnt. Tehát amikor a Biblia a „húsra" utal, a bűnre utal, amely még nem nyilvánult meg cselekedetben, de bármikor megnyilvánulhat. A bűnös gondolatokat, és minden más bűntípust jelenti a testünkben. Ezek a bűnök, ha együttesen jelennek meg, „a test dolgainak" nevezik őket.

Más szavakkal, a gyűlölet, a büszkeség, a düh, a bírálat, az elítélés, a házasságtörés, a kapzsiság stb., együttesen a „testet" jelentik, és egyénileg „a test dolgainak" nevezzük őket. Tehát mindaddig, amíg ezek a dolgok az ember szívében maradnak, a megfelelő körülmények között bármikor megnyilvánulhatnak bűnös cselekvésként. Például, ha az ember szíve csalárd természetű, normális körülmények között ez nem nyilvánvaló, de ha kedvezőtlen vagy sürgős helyzetbe kerül, akkor azudhat egy másik embernek, megtévesztő szavakkal vagy cselekedetekkel.

Az ilyen nyilvánosságra kerülő bűnök a „test" dolgai. Minden, cselekvésben megnyilvánuló bűnt „a test munkájának" nevezik. Ha arra vágysz, hogy megüss valakit, ez a „rossz vágy" a „test dolga," és ha valóban megütsz valakit, akkor ez „a test munkája."

Ha a Genezis 6:3-at megnézzük, ezt olvassuk: "És monda az Úr: Ne maradjon az én lelkem örökké az emberben, mivelhogy ő test; legyen életének ideje száz húsz esztendő." Isten kijelenti, hogy többé nem áll az ember mellett, mert az ember testté lett. Azt jelenti ez, hogy Isten nincs velünk? Nem. Mivel elfogadtuk Jézus Krisztust, megkaptuk a Szentlelket, és újjászülettünk Isten gyermekeiként, nem vagyunk többé a test emberei.

Hogyha Isten Igéje szerint élünk, és követjük a Szentlélek utasítását, akkor a Lélek lelket szül bennünk, és a lélek, szellem embereivé válunk. Isten, aki a Lélek, azokban lakik, akik minden nap lelki emberekké válnak. Azonban Isten nem lakik azokban, akik azt mondják, hogy hisznek, de továbbra is a test bűneit követik el. A Biblia újra és újra rámutat, hogy ezek az emberek nem kaphatnak üdvösséget (Zsoltárok 92:7, Máté 7:21, Római 6:23).

A test munkái, melyek megakadályozzák, hogy az ember Isten királyságát örökölje

Miután a bűnben éltünk, és rájövünk, hogy bűnösök vagyunk, elfogadjuk Jézus Krisztust, megpróbálunk nem elkövetni testi bűnöket, amelyek nagyon nyilvánvalóan bűnök. Valóban, Istennek nem tetszenek "a test dolgai," de igazából "a test munkái" azok, amelyek megakadályoznak bennünket abban, hogy az Isten királyságát örököljük. Ezért, meg kell próbálnunk soha nem elkövetni a test munkáit.

Az 1 János 3:4 ezt tartalmazza: "Valaki a bűnt cselekszi, az a törvénytelenséget is cselekszi; a bűn pedig a törvénytelenség." Itt, "Valaki a bűnt cselekszi" bárkire vonatkozik, aki elköveti a test munkáit. Az igazságtalanság is törvénytelenség; Ezért ha igazságtalannak vagy, akkor is, ha azt mondja, hogy hívő vagy, a Biblia figyelmeztet, hogy nem kaphatja meg az üdvösséget.

Az 1 Korintusi 6:9-10 ezt tartalmazza: "Avagy nem tudjátok-é, hogy igazságtalanok nem örökölhetik Istennek országát? Ne tévelyegjetek; se paráznák, se bálványimádók, se házasságtörők, se pulyák, se férfiszeplősítők, Se lopók, se telhetetlenek, se részegesek, se szidalmazók, se ragadozók nem örökölhetik Isten országát." A Máté 13. fejezete világosan elmagyarázza, mi történik ezekkel az emberekkel az idő végénél: "Az embernek Fia elküldi az ő angyalait, és az ő országából összegyűjtik a botránkozásokat mind, és azokat is, akik gonoszságot cselekesznek, És bevetik őket a tüzes kemencébe: ott lészen sírás és fogcsikorgatás." (41-42. vers). Miért történne ez? Ennek az az oka, hogy ahelyett, hogy megpróbálták volna a bűneiket megszüntetni, ezek az emberek olyan életet éltek, amellyel kompromisszumot kötöttek a világ valótlanságával. Így Isten szemében nem „búzák" ők, hanem „pelyvák.".

Tehát a legfontosabb, hogy először rájöjjünk, milyen bűnfalat építettünk fel Isten és magunk között, miután le kell bontanunk azt. Csak miután megoldjuk a bűn problémáját, ismer el minket Isten, mint hívőket, és nőhetünk „búzává," és megérhetünk. Ekkor megkaphatjuk az imáinkra a válaszokat, és megtapasztalhatjuk a gyógyulást és az áldásokat.

A test nyilvánvaló munkái

Mivel a test munkái cselekvésként nyilvánulnak meg, világosan látjuk az elkövetett bűn sivár és korrupt jellegét. A test legnyilvánvalóbb munkái az erkölcstelenség, a tisztátalanság, és az érzékiség. Ezek a bűnök szexuális bűnök, és az ilyen típusú bűnöket elkövetők nem kaphatják meg az üdvösséget. Ezért bárki, aki ezeket a bűnöket elköveti, gyorsan tartson bűnbánatot, és térjen meg erről az útról.

1) Erkölcstelenség, tisztátalanság, és érzékiség

Először, az "erkölcstelenség" itt a szexuális erkölcstelenségre vonatkozik. Arról beszélünk, amikor egy független férfi és nő fizikai kapcsolatba kerül egymással. Manapság, mivel a társadalom nagyon tele van bűnnel, a házasság előtti szexuális kapcsolat általános normává vált. Azonban, ha a két ember össze is házasodik, és szereti egymást, még úgy is azt mondjuk, hogy hamisan cselekedtek. Az emberek nem is szégyenkeznek emiatt mostanában. Nem is tartják az ilyen cselekedetet bűnnek. Ez azért van, mert a színdarabokban és mozikban a társadalom olyan hűtlen, házasságtörő eseményeket és kapcsolatokat mutat be, amelyek eltérnek a becsületességtől, és ezeket "gyönyörű szerelmi történetként" mutatják be. Mivel az emberek nézik ezeket, és érzelmileg bekapcsolódnak ezekbe a színdarabokba és filmekbe, a bűnnel kapcsolatos megítélésük elhalványul, elgyengül, és lassanként teljesen érzéketlenné válnak a bűnnel szemben.

A szexuális erkölcstelenség nem elfogadható etikai vagy morális álláspontból sem. Láthatjuk, mennyire kevésbé elfogadható Isten szemében! Hogyha két ember igazán szereti egymást, akkor először a házasság intézményén keresztül elismerést kell kapniuk Istentől, a szüleiktől és a rokonaiktól, miután el kell hagyniuk a szüleiket, és egy testté kell válniuk.

Másodszor, szexuális erkölcstelenség az is, amikor egy házasember és feleség nem tartja be a házassági esküjét, azaz, amikor a feleség vagy a férfi egy másik emberrel lép kapcsolatba, mint a házastársa. Azonban, a házasságtöréstől függetlenül, ami az emberek közötti kapcsolatban létrejön, létezik a lelki csalás is, amelyet az emberek gyakran elkövetnek. Ez akkor van, amikor az emberek hívőnek vallják magukat ugyan, azonban mégis bálványokat imádnak, vagy látóval vagy varázslóval tárgyalnak, vagy fekete mágiára vagy mágikus varázslatokra bízzák magukat. Ez a gonosz szellemek és démonok bálványozásának a cselekedete.

Ha megnézzük a Számok 25. fejezetét, látjuk, hogy Izrael fiai, miközben Sittimben éltek, nem csak erkölcstelenséget követtek el Moáb asszonyaival, hanem le is térdeltek az isteneik előtt. Ennek eredményeként Isten haragja elérte őket, és huszonnégyezer ember meghalt a pestistől egy napon. Ezért, hogyha valaki azt mondja, hogy ő hisz Istenben, de démonokra és bálványokra támaszkodik, ez a lelki csalás és Isten megtagadásának a cselekedete.

Következőleg, "tisztátalanság" az is, amikor a hamis természet túl messzire megy és beszennyeződik, például, amikor egy házasságtörő szív túl messzire megy, egy rabló megerőszakolja az anyát és a lányát ugyanabban az időben, vagy a féltékenység túl messzire megy. Például, ha egy személy olyan nagyon féltékeny egy másikra, hogy lerajzolja a másik embert, és a képét késsel szurkálja, vagy tárgyakat hajít rá. Az ilyen abnormális cselekedetek szintén tisztátalannak minősülnek.

Mielőtt hiszünk Istenben, lehet, hogy a gyűlölet, féltékenység és házasságtörés bűnös természete van bennünk. Mivel Ádám az eredeti bűnnel bírt, ezért minden ember hamissággal születik, amely a természetének a gyökerénél van. Amikor ez a bűnös természet egy bizonyos etikai és morális határon túlmegy, és fájdalmat okoz egy másik embernek, azt mondjuk, hogy "tisztátalan."

Az "érzékiség" azt jelenti, hogy valaki az érzéki dolgokban gyönyört keres, mint például a szexuális vágyak és fantáziák, és illetlen dolgokat követ el, miközben a vágyát követi. Az "érzékiség" különbözik a házasságtöréstől, mivel az ember a mindennapi életét a házasságtörő gondolatokban elmerülve éli, és ilyen szavakat és cselekedeteket mutat. Például, ha valaki egy állattal közösül, vagy homoszexuális kapcsolatokba keveredik - például egy nő illetlen dolgokat követ el egy másik nővel, vagy egy férfi egy másik férfivel, vagy szexuális eszközöket használnak, satöbbi - ezek mind gonosz cselekedetek, amelyek az érzékiség alá esnek.

A mai társadalomban az emberek azt mondják, hogy a homoszexuálisokat tisztelni kell, azonban ez Isten akarata és a racionalitás ellen van (Róma 1:26-27). A férfiak, akik nőnek tartják magukat, vagy a nők, akik férfiként gondolnak magukra, vagy transzszexuálisokként élnek, nem elfogadhatóak Isten számára (Deuteronomé 22 5:5). Ez szembemegy Isten teremtésének rendjével.

Amikor a társadalom korrumpálódik a bűn miatt, az első dolog, amely rendetlenné válik, az az emberek erkölcsi és etikai hozzáállása a szexhez. Történelmi szempontból, ha a társadalom szexkultúrája bármikor korrumpálódott vagy megromlott, ezt Isten Ítélete követte. Szodoma és Gomora és Pompei nagyon jó példák erre. Amikor látjuk, hogy a társadalmunk szexkultúrája erkölcstelenné válik a teljesen földön, egészen addig, hogy nem lehet visszaállítani, tudhatjuk, hogy az itélet napja közel van.

2) Bálványimádat, varázslás és ellenségeskedés

A „bálványok" két fő kategóriába sorolhatók. Az első: Isten valamilyen képének a létrehozása, amely semmiféle formát nem kapott, ezért formába kell önteni, vagy képpé kell alakítani, és az imádat tárgyává kell tenni. Az emberek olyan dolgokat akarnak, amiket szemmel látnak, megérintik a kezükkel, és érzik a testükkel. Ezért használnak fát, sziklát, acélt, aranyat vagy ezüstöt, hogy képeket készítsenek emberekről, állatokról, madarakról vagy halakról, hogy imádják őket. Vagy valamilyen nevet adnak nekik, mint a Nap, a Hold és a csillagok Istene, és imádják azt (Deuteronomé 4:16-19). Ezt nevezik "bálványimádásnak".

Az exodus 32. fejezetében azt látjuk, hogy Mózes felment a Sínai hegyre, hogy a Törvényt megkapja, és nem jött le azonnal. Az izraeliták egy aranytehenet készítettek, és azt imádták. Annak ellenére, hogy számos csodát és jelet láttak, még mindig nem hittek, és végül egy bálványt kezdtek imádni. Ezt látva Isten haragra gerjedt, és azt mondta, hogy elpusztítja őket. Az életüket Mózes buzgó imája mentette meg. Ennek az eseménynek az eredményeként azok, akik húsz évnél idősebbek voltak az Exodus idején, nem mehettek be a Kánaán földjére, és a sivatagban meghaltak. Ebből láthatjuk, hogy mennyire utálja Isten a bálványkészítést, a bálványok előtti letérdeplést és imádást.

Másodszor, hogy ha van valami, amit jobban szeretünk, mint Istent, az bálvánnyá válik. A Kolossze 3:5-6 ezt tartalmazza:
"Öldököljétek meg azért a ti földi tagjaitokat, paráznaságot, tisztátalanságot, bujaságot, gonosz kívánságot és a fösvénységet,

ami bálványimádás; Melyek miatt jő az Isten haragja az engedetlenség fiaira."

Például, hogyha valakinek kapzsiság van a szívében, akkor az anyagi birtoktárgyakat jobban szereti, mint Istent, és annak érdekében, hogy több pénzt csináljon, lehet, hogy az Isten napját nem tartja meg szentnek. Hogyha egy személy úgy próbálja kielégíteni a szívében lévő kapzsiságot, hogy más embereket vagy tárgyakat jobban szeret, mint Istent - mint például a házastársát, gyermekeit, a hírnevét, a hatalmát, a tudását, a szórakozását, mint a televízió, a sportok, a hobbik vagy a találkák - és nem szeret imádkozni és buzgó lelki életet élni, akkor ez is bálványimádás.

Mivel Isten azt mondta nekünk, hogy ne kövessük el a bálványimádást, van néhány ember, aki ezt kérdezi: "Isten azt akarja, hogy csak Őt imádjuk, és csak Őt szeressük?" Azt gondolják, hogy Isten magánakvaló, de nagyon tévednek. Isten nem mondta azt, hogy úgy szeressük Őt, mint egy diktátort. Azért tette ezt, hogy úgy irányítsa az életünket, hogy emberhez méltó életünk legyen. Hogyha egy személy jobban szeret dolgokat, mint Istent, akkor nem tudja az emberi feladatait beteljesíteni, és nem tudja a bűnöket megszüntetni az életéből.

A szótár a „varázslatot" úgy határozza meg, mint „emberi gyakorlat vagy varázslat, amellyel természetellenes hatásokat vagy varázslatokat gyakorolnak gonosz szellemek, fekete mágia, boszorkányság segítségével." A sámánokkal, médiumokkal és hasonlókkal való konzultáció mind ebbe a kategóriába tartozik. Vannak, akik sámánhoz vagy médiumhoz járnak, hogy megkérdezzék, hogy a gyermekük készen áll-e a főiskolai felvételi vizsga sikeres vételére, vagy annak megtudakolásáért, hogy a menyasszonyuk a megfelelő választás-e. Vagy ha valami baj történik a háztartásukban, megpróbálnak egy amulettet vagy szerencsét hozó tárgyat vásárolni. De Isten gyermekei soha nem tehetnek ilyen dolgokat, mert ezek a dolgok gonosz szellemeket hoznak az életükbe, és ennek következtében még nagyobb nyomorúság történik az életükben.

A „varázslatok" és „igézések" mások megtévesztésére irányuló taktikák, mint a gonosz tervek kitalálása, hogy valakit megrontsanak, vagy csapdába ejtsenek. Spirituális perspektívából a „varázslat" az a cselekedet, amellyel egy másik embert csalással megtéveszt valaki. Ezért van sötétség a mai társadalom minden területén.

Az „ellenségeskedés" egyfajta harag vagy negatív érzés érzése valakivel szemben, és annak akarása, hogy tönkre menjen a másik. Ha alaposan megvizsgáljuk az embereket, akik ellenségeskednek valakivel, láthatjuk, hogy ténylegesen azért tartják magukat távol a másiktól, és utálják őt, mert valamilyen oknál fogva nem szeretik, vagy a saját gonosz érzelmeik miatt. Amikor ezek a gonosz érzések meghaladnak egy bizonyos szintet, felrobbanhatnak olyan cselekvésekbe, amelyek kárt okozhatnak a másik személynek. Mint például az ellene történő csapások, pletykák és rágalmazások, és minden más rosszindulatú, gonosz cselekedet.

A Sámuel 16. fejezetében látjuk, hogy amint az Úr lelke elhagyta Sault, a gonosz szellemek zavarni kezdték őt. De amikor Dávid a hárfáján játszott, Saul felfrissült és jól érezte magát, és a gonosz szellemek elhagyták. Dávid megölte a filiszteusi óriást, Góliátot, egy parittyával és egy kővel, és megmentette Izrael nemzetét a válságból, életét kockára téve azért, hogy hűséges legyen Saulhoz. Saul azonban attól félt, hogy az uralkodását

Dávid megakadályozza, és sok évet töltött azzal, hogy üldözte Dávidot, hogy megölhesse. Végül Isten megtagadta Sault. Isten Igéje azt mondja, hogy még az ellenségeinket is szeretnünk kell. Ezért: soha nem szabad senkivel ellenségeskednünk.

3) Harag, féltékenység, dühkitörés

A „viszály" akkor fordul elő, amikor az emberek a saját személyes nyereségüket és erejüket prioritásként kezelik másokkal szemben, és harcolnak érte. A harc általában kapzsisággal kezdődik, és konfliktusokat okoz, amelyek ellenségeskedéshez vezetnek a nemzeti vezetők, párttagok, családtagok, az egyházon belüli emberek között, és az egyéb interperszonális kapcsolatok területén.

A koreai történelemben találunk példát a nemzeti vezetők közötti viszályra. Dae Won Goon, a Chosun-dinasztia utolsó császárának apja és a menye, Myong Sung császárnő vitatkoztak a politikai hatalomról, miközben különböző külföldi hatalmak támogatták mindkettőjüket. Több mint tíz évig tartott. Országos káoszhoz vezetett, amely katonai felkeléssel ért véget, és még a gazdálkodók forradalmával is járt. Számos politikai vezetőt is megöltek, és a császárnőt, Myong Sungot is meggyilkolták a japán gyilkosok. Végül a kulcsfontosságú nemzeti vezetők közötti vita miatt Korea elvesztette szuverenitását a japánok miatt.

Vita előfordulhat férj és feleség, szülő és gyermek között is. Ha mindkét házastárs azt akarja, hogy a másik személy az ő kívánságaira figyeljen, ez viszályt okozhat, és akár váláshoz is vezethet. Vannak esetek is, amikor a házastársak beperelik egymást, és élethosszig tartó ellenségekké válnak. Ha a gyülekezetben megelégedetlenség van, megkezdődik a Sátán munkája, mely megakadályozza az egyház növekedését, és az egyház osztályainak a helyes működését.

Ahogy olvassuk a Bibliát, gyakran találkozunk olyan jelenetekkel, ahol konfliktusok és viszályok vannak. A 2. Sámuel 18:7-ben azt látjuk, hogy Dávid fia Absolon lázadást indított apjával szemben, ezért egy nap alatt húszezer ember halt meg. Salamon halála után Izráelt Izráel északi királyságára és Júda déli királyságára osztották, és még ekkor is folytatódott a harc és a háború. Különösen Izráel északi országában a trónt folyamatosan fenyegette a harc. Tudván, hogy a viszályok fájdalomhoz és pusztuláshoz vezetnek, remélem, mindig mások javára törekszel majd, és békét fogsz teremteni.

A „féltékenység" az, amikor egy személy távolságot tart más személyektől, és gyűlöli őket, irigységből, hisz úgy gondolja, hogy jobbak, mint ő. Ha a féltékenysége megnő, gonoszsággal vegyes harag alakulhat ki. Ez konfliktushoz vezethet.

Ha a Bibliát nézzük, Jákób két felesége, Lea és Rachel féltékeny volt egymásra, és Jákób volt közöttük (Genesis 30. fejezet). Saul király féltékeny volt Dávidra, aki többet kapott a néptől, mint amennyit adott (1 Sámuel 18:7-8). Kain féltékeny volt testvérére, Ábelre, és megölte őt (1 Mózes 4:1-8). A féltékenység egy személy szívében a gonoszságból fakad, ami arra készteti, hogy kielégítse a kapzsiságát.

A legegyszerűbb módja annak, hogy felfedezzük, hogy féltékenyek vagyunk-e, ha megnézzük: kellemetlenül érezzük-e magunkat, ha valaki meggazdagodik, és jól él. Továbbá, lehet, hogy elkezded nem szeretni ezt a személyt, és el akarod venni, amije van. Ha összehasonlítod magad egy másik emberrel és úgy érzed, hogy nem kedveled, a féltékenység a probléma gyökere. Ha ez a személy hasonló korú, hitű, hasonló tapasztalattal, háttérrel vagy környezettel bír, mint te, akkor különösen könnyű féltékenységet érezni iránta. Isten megparancsolta nekünk, hogy „szeresd felebarátodat, mint tenmagadat," ezért, ha valakinek gratulálnak, mert jobb, mint mi valamiben, Isten azt akarja, hogy örüljünk vele. Azt akarja, hogy úgy örüljünk, mintha mi magunk is fogadnánk a gratulációt.

"A harag kitörései" olyan dühkitörések, amelyek túlmutatnak azon, amikor valaki haragos, és próbálja magában tartani a haragját. Gyakran szülnek pusztító eredményeket. Például: valaki könnyedén dühös lesz, ha valami nem egyezik a saját véleményével vagy gondolataival, és erőszakot, sőt gyilkosságot követ el. Ha egyszerűen frusztrálva érzi magát, és kifejezi a dühét, ez még nem gátolja meg az üdvösségét. Ha azonban a düh gonoszsága alaptermészete, a harag kitöréseivel cselekedhet. Ezért, a gonoszságot gyökerestől ki kell tépned magadból, és el kell dobnod.

Ez a helyzet Saul királlyal, aki féltékeny volt Dávidra, és megpróbálta megölni, csak azért, mert dicséretet kapott a néptől - dicséretet, amit megérdemelt! A Bibliában több helyen olvasunk Saul dühkitöréseiről. Egyszer lándzsát dobott Dávidra (1 Sámuel 18:1). Mivel Nob városa segített Dávidnak a futásban, Saul csapást mért a városra. A papok városa volt, és Saul nemcsak férfiakat, nőket, gyerekeket és csecsemőket öletett meg, hanem az ökröket, szamarakat és juhokat is (1 Sámuel 22:19). Ha ennyire dühösek vagyunk, nagy mennyiségű bűnt halmozunk fel ezzel.

4) Viták, ellentmondások, viszályok

A "viták" miatt az emberek elválnak egymástól. Ha valami nem felel meg nekik, akkor klikkeket vagy csoportokat hoznak létre. Nem csak olyan emberek teszik ezt, akik közel vannak egymáshoz, közösen megosztanak valamit, vagy gyakran találkoznak. Ezek olyan kedvezőtlen csoportok, amelyek tagjai pletykálnak, bírálnak, és ítélkeznek. Ezek a csoportok egy családon belül, a környéken, sőt az egyházban is kialakulhatnak.

Ha például valaki nem szereti a lelkészeket, és elkezd pletykálni róluk olyan emberekkel, akik ugyanazon a véleményen vannak, ez "a Sátán zsinagógája." Mivel ezek az emberek akadályozzák a lelkészeket, elítélve őket, az egyház, amelyet szolgálnak, nem tapasztalhatja meg a megújhódást.

A "különbségek" a frakciókat jelentik, amikor valaki elválasztja magát a többiektől a saját akaratát és gondolatait követve. Például egy frakció létrehozására az egyházon belül. Ez egy olyan cselekedet, amely ellentétes Isten akaratával, mivel eszerint az egyén gondolkodásmódja az egyetlen helyes út, és mindent úgy kell szabni, hogy megfeleljen az ő saját hasznának.

Dávid fia, Absalom elárulta az apját, és lázadt ellene (2 Sámuel 15. fejezet), mivel követte a kapzsiságát. E lázadás idején sok izraelita, még Ahitófeus, Dávid tanácsadója is, Absolonnal volt, és elárulta Dávidot. Isten elhagyja az ilyen embereket, mert a test munkáit végzik. Ezért Absalom és az összes vele tartó végül vereséget szenvedett, és szomorú véget ért.

Az "eretnekség" azon emberek cselekedete, akik tagadják az Urat, aki megvette őket, ezzel gyorsan megsemmisítve magukat (2 Péter 2:1). Jézus Krisztus a vérét ontotta, hogy megmentsen minket, miközben a bűn közepén állunk. Ezért helyes azt mondani, hogy megvett bennünket a Vérével. Tehát ha azt állítjuk, hogy hiszünk Istenben, de tagadjuk a Szentháromságot, vagy megtagadjuk Jézus Krisztust, aki megvásárolt minket a Vérével, ez olyan, mintha megsemmisítenénk magunkat.

Vannak esetek, amikor az eretnekség valódi definíciójának ismerete nélkül az emberek eretnekséggel vádolnak, és elítélnek másokat azért, mert kicsit mások, mint ők maguk. Ez azonban nagyon veszélyes dolog, és a Szentlélek munkájának megakadályozása. Ha valaki hisz a Szentháromságban Istenében - Atya, Fiú és Szentlélek, és nem tagadja meg Jézus Krisztust, nem tudjuk elítélni eretnekségért.

5) Az irigység, a gyilkosságok, a részegség, a tivornyázás

Az irigység a féltékenység megjelenése cselekvésben. A féltékenység az, hogy megtagadunk vagy nem kedvelünk másokat, amikor a dolgaik jól mennek, míg az irigység egy lépéssel tovább megy, mert a megtagadás arra késztet valakit, hogy olyan cselekedeteket hajtson végre, amelyek másoknak kárt okoznak. Általában az irigység leggyakrabban a nők körében fordul elő, de természetesen megjelenhet a férfiak között is. És ha elharapódzik, akkor súlyos bűnökhez vezethet, mint a gyilkosság. Ha nem is éri el a gyilkosság pontját, megfélemlítheti vagy bántalmazhatja a másik személyt, vagy más gonosz cselekményeket idézhet elő, például egy másik ember vagy emberek elleni összeesküvést.

Következő a "részegség." A Bibliában van egy jelenet az árvíz ítéletét követően, ahol Noé bort ivott, részeg volt, és hibázott. Noé a részegsége miatt végül megátkozta a második fiát, aki a gyengeségét feltárta. Az Efézus 5:18 szerint: "És meg ne részegedjetek bortól, miben kicsapongás van; hanem teljesedjetek be Szent Lélekkel." Ez azt jelenti, hogy a részegség bűn.

A Biblia sokszor ír a bort ivó emberekről, mert Izraelnek sok szárazföldi területe a vadonban van, és a víz nagyon szűkös. Ezért a tiszta szőlőléből és más gyümölcsökből készített édes koncentrátumok alternatív szeszes italai megengedettek volatk (Mózes 14:26). Izráel népe e bort a víz helyett itta, de nem eleget ahhoz, hogy részeg legyen tőle. Manapság hazánkban, ahol az ivóvíz nagyon bőséges, valóban nem kell bort vagy alkoholt inni.

A Bibliában láthatjuk, hogy Isten nem akarta, hogy a hívők erős italokat, például bort igyanak (Leviticus 10:9, Róma 14:21). A Példabeszédek 31:4-6 ezt tartalmazza: "Távol legyen a királyoktól, oh Lemuel, távol legyen a királyoktól a bornak itala; és az uralkodóktól a részegítő ital keresése. Hogy mikor iszik, el ne felejtkezzék a törvényről, és el ne fordítsa valamely nyomorultnak igazságát. Adjátok a részegítő italt az elveszendőnek, és a bort a keseredett szívűeknek."

Lehet, hogy ezt mondod: "Nincs rendben, ha iszom, de nem annyit, hogy berugjak?" Ha keveset iszol, csak "egy kicsit" leszel részeg. Így is részeg vagy, ha csak egy kicsit iszol. Amikor részeg vagy, önkontrollt vesz ítesz, tehát ha normális esetben nyugodt és szelíd ember vagy, részegen erőszakoskodhatsz. Vannak emberek, akik durván beszélnek és cselekszenek, vagy akár jelenetet is rendeznek. Továbbá, mivel a részegsé a racionalitás és a mérlegelés hiánya, vannak, akik végül különböző bűnöket követnek el. Nagyon gyakori, hogy az emberek tönkreteszik az egészségüket a nehéz italoktól. Az alkoholisták nem csak maguknak, hanem szeretteiknek is fájdalmat okoznak. Sok esetben, még ha az emberek tudják is, hogy az ivás milyen káros lehet, ha elkezdik, nem tudnak megállni, továbbra is isznak, és elrontják az életüket. Ezért szerepel a "részegség" a "hús munkái" listán.

Számos dolog tartozik a "tivornyázás" kategóriába. Ha valaki annyira belevág az ivásba, a játékba, a szerencsejátékba és hasonlókba, hogy nem tudja ellátni a családfői feladatait, vagy szülőként a gyermekgondozást, Isten "tivornyázásnak tekinti ezt. Továbbá, ha valaki nem rendelkezik önuralommal, és a szexuális örömöket űzi, és erkölcstelen életmódot vezet, vagy úgy él, ahogy akar, szintén a "tivornyázás" alá esik.

A mai társadalom másik problémája az emberek felszínes luxustermékekkel és márkanevekkel kapcsolatos rögeszméje, amelyek miatt a tivornyába bekapcsolódnak. Designer kézitáskát, ruházatot, cipőt, satöbbit, vásárolnak hitelkártyára (mert nem engedhetik meg maguknak), és ez óriási adósságot eredményez. Ha nincs módjuk az adósság visszafizetésére, egyesek bűncselekményt vagy öngyilkosságot is elkövetnek. Ez az eset azoknál az embereknél áll fenn, akiknek nincs önkontrollja a kapzsiságuk fölött, a tivornyázást követik, majd a következményeként meg kell fizetniük.

6) És hasonlók...

Isten azt mondja nekünk, hogy sok más testi munka is van a már említetteken kívül. Azonban, ha ezt gondoljuk: "Hogyan szabadulhatok meg mindezen bűntől?" - nem szabad feladnod már az elején. Még ha sok bűnöd is van, ha erőteljes elkötelezettséget táplász a szívedben, és keményen megpróbálod, biztosan megszabadulsz ezektől a bűnöktől. Miközben megpróbálsz nem elkövetni testi dolgokat, ha keményen dolgozol, hogy jó cselekedeteket cselekedj, és folyamatosan imádkozol, megkapod Isten kegyelmét, és megszerzed a hatalmat, hogy megváltozz. Ez lehetetlen az ember erejével, de minden lehetséges Isten erejével (Márk 10:27).

Mi történik, ha úgy élsz, mint a világi emberek, a bűn és tivornyázás közepette, még akkor is, ha hallottad és tudod, hogy nem örökölheted az Isten országát, ha továbbra is a test munkáit követed el? A test embere vagy ekkor, azaz "pelyva," és nem nyered el az üdvösséget. Az 1 Korinthus 15:50 azt mondja: "Azt pedig állítom atyámfiai, hogy test és vér nem örökölheti Isten országát, sem a romlandóság nem örökli a romolhatatlanságot." Az 1 János 3:8 ezt tartalmazza: "Aki a bűnt cselekszi az ördögből van; mert az ördög kezdettől fogva bűnben leledzik."

Emlékeznünk kell arra, hogy ha a test munkáit cselekedjük, és a bűnfal, ami Isten és köztünk van, egyre nagyobb, nem találkozhatunk Istennel, nem fogadhatunk választ az imáinkra, és nem örökölhetjük Isten országát, vagyis a Mennyországot.

Csak azért, mert elfogadtad Jézus Krisztust, és megkaptad a Szentlelket, ez nem azt jelenti, hogy egyszerre abbahagyhatod a testi cselekedetek mindenikét. A Szentlélek segítségével meg kell próbálnod a szentség életét élni, és megpróbálhatsz a Szentlélek tűzével imádkozni. Ezután megszüntetheted a test munkáit egyenként. Ha marad is néhány testi cselekedeted, amitől mégsem tudsz megszabadulni, ha megpróbálod a legjobb tudásod szerint, Isten nem hív majd testi embernek, hanem elhív az Ő gyermekeként, aki becsületes lett a hit által, és elvezet az üdvösséghez.

Ez nem jelenti azt, hogy meg kell maradnod a testi cselekedetek szintjén. Meg kell próbálnod abbahagyni nemcsak a kívülről látható testi cselekedetek elkövetését, hanem azokat is, amelyek kívülről nem láthatók. Az Ószövetségi időkben nehéz volt eldobni a test dolgait, mert a Szentlélek még nem jött el, és saját erejükből kellett megtenniük. Most azonban, az

Újszövetség idején a Szentlélek segítségével megszabadulhatunk a testi dolgoktól, és szentesülhetünk.

Ez azért van, mert Jézus Krisztus már megbocsátotta minden bűnünket, amikor a Vérét ontotta a kereszten, és elküldte nekünk a Szentlelket, a Segítőt. Ezért imádkozom azért, hogy megkapd a Szentlélek segítségét, és eldobd a testi cselekedeteket magadtól, és Istennek igaz gyermekévé válj.

4. fejezet

"Teremjetek hát megtéréshez illő gyümölcsöket"

> "Ekkor kiméne ő hozzá Jeruzsálem és az egész Júdea és a Jordánnak egész környéke. És megkeresztelkednek vala ő általa a Jordán vizében, vallást tevén az ő bűneikről. Mikor pedig látá, hogy a farizeusok és sadduceusok közül sokan mennek ő hozzá, hogy megkeresztelkedjenek, monda nékik: Mérges kígyóknak fajzatai! Kicsoda intett meg titeket, hogy az Istennek elkövetkezendő haragjától megmeneküljetek? Teremjetek hát megtéréshez illő gyümölcsöket. És ne gondoljátok, hogy így szólhattok magatokban: Ábrahám a mi atyánk! Mert mondom néktek, hogy Isten eme kövekből is támaszthat fiakat Ábrahámnak. A fejsze pedig immár a fák gyökerére vettetett. Azért minden fa, amely jó gyümölcsöt nem terem, kivágattatik és tűzre vettetik."
>
> *(Máté 3:5-10)*

János próféta volt, aki Jézus előtt született, és aki "előkészítette az utat az Úrnak." János tudta, mi az élete célja. Így, amikor eljött az idő, szorgalmasan terjesztette a hírt Jézusról, az eljövendő Messiásról. Akkoriban a zsidó nép várt a Messiásra, aki megmenti az országukat. Ezért kiabálta János Judea pusztájában: "Térjetek meg, mert elközelített a mennyeknek országa!" (Máté 3:2) Azokat, akik bűnbánatot tartottak, vízzel megkeresztelte, és arra utasította őket, hogy fogadják el Jézust, mint Szabadítójukat.

A Máté 3:11-12 ezt mondja: "Én ugyan vízzel keresztellek titeket megtérésre, de aki utánam jő, erősebb nálamnál, akinek saruját hordozni sem vagyok méltó; ő Szent Lélekkel és tűzzel keresztel majd titeket. Akinek szóró lapát van az ő kezében, és megtisztítja az ő szérűjét; és az ő gabonáját csűrbe takarítja, a polyvát pedig megégeti olthatatlan tűzzel." János előzetesen elmondta az embereknek, hogy Jézus, az Isten Fia, aki eljött erre a világra, a mi Megváltónk, és végső soron a bírónk lesz.

Amikor János látta, hogy sok farizeus és sadduceus megkeresztelkedik, "viperafészkeknek" nevezte őket, és megfélemlítette őket. Ezt azért tette, mert ha nem termik a bűnbánat gyümölcsét, nem tudták volna elérni a megváltást. Nézzük meg jobban János figyelmeztetését, hogy pontosan milyen gyümölcsöket kell teremnünk, hogy megkapjuk az üdvösséget.

Mérgeskígyó fajzatok

A farizeusok és a sadduceusok is a judaizmushoz tartoztak. A farizeusok úgy ünnepelték magukat, mint "elkülönítettek." Hittek az igazak feltámadásában és a gonoszok elítéletélésében, szigorúan ragaszkodtak Mózes törvényéhez és a vének hagyományaihoz. Ezért jelentős státuszuk volt a társadalomban.

Másfelől a szadduceusok arisztokrata papok voltak, akiknek az érdeke főként a templomban volt, és a nézeteik és szokásaik különböztek a farizeusokétól. Megerősítették a politikai helyzetet a római kormány alatt, és nem voltak hajlandók hinni a feltámadásban, a lélek örök természetében, az angyalokban és a lelki lényekben. Még Isten országát is időlegesnek látták

A Máté 3:7-ben keresztelő János megszidta a szadduceusokat és farizeusokat: "Mérges kígyóknak fajzatai! Kicsoda intett meg titeket, hogy az Istennek elkövetkezendő haragjától megmeneküljetek? Miért gondolod, hogy János "mérgeskígyó fajzatoknak" nevezte őket, amikor ők Istenhívőknek tartották magukat?

A farizeusok és a sadduceusok azt állították, hogy hisznek Istenben, és a Törvényt tanították. Azonban nem ismerték fel Isten Fiát, Jézust. Ezért mondja a Máté 16 1-4 ezt: "És hozzá menvén a farizeusok és sadduceusok, kisértvén, kérék őt, hogy mutasson nékik mennyei jelt. Ő pedig felelvén, monda nékik: Mikor estveledik, azt mondjátok: Szép idő lesz; mert veres az ég. Reggel pedig: Ma zivatar lesz; mert az ég borús és veres. Képmutatók, az ég ábrázatját meg tudjátok ítélni, az idők jeleit pedig nem tudjátok? E gonosz és parázna nemzetség jelt kíván; és nem adatik néki jel, hanemha a Jónás prófétának jele. És ott hagyván őket, elméne."

És a Máté 9:32-34 reads, "Mikor pedig azok elmentek vala, ímé egy ördöngős néma embert hozának néki. És az ördögöt kiűzvén, megszólalt a néma; és a sokaság csudálkozik vala, mondván: Soha nem láttak ilyet Izráelben! A farizeusok pedig ezt mondják vala: Az ördögök fejedelme által űzi ki az ördögöket." Egy jó ember örülne és dicsőséget adna Istennek, mivel Jézus kiűzött egy ördögöt. De a farizeusok inkább gyűlölték Jézust, és megítélték és elítélték őt, mondván, hogy az ördög munkáját végzi.

A Máté 12. fejezetében találkozunk egy jelenettel, ahol az emberek megpróbálnak valami okot találni arra, hogy Jézust megvádolják, megkérdezve Tőle, hogy helyes-e vagy sem, ha valaki gyógyítani akar szombaton. Jézus felismerte a szándékukat, és elmondta nekik a juhok történetét, amelyek egy gödörbe estek szombaton, hogy megtanítsa nekik, hogy szabad jót tenni szombaton. Aztán meggyógyította azt az embert, akinek a keze megszáradt. Azonban ahelyett, hogy tanultak volna ebbőt az eseményből, összeesküdtek, hogy megszabaduljanak Jézustól. Mivel Jézus olyan dolgokat tett, amikre ők nem voltak képesek, féltékenyek voltak Rá.

Az 1 János 3:9-10 ezt tartalmazza: "Senki sem cselekszik bűnt, aki az Istentől született, mert benne marad annak magva; és nem cselekedhetik bűnt, mivelhogy Istentől született. Erről ismerhetők meg az Isten gyermekei és az ördög gyermekei: aki igazságot nem cselekszik, az egy sem az Istentől való, és az sem, aki nem szereti az ő atyjafiát." Ez azt jelenti, hogy egy ember, aki bűnözik, nem Isten gyermeke.

A farizeusok és a sadduceusok azt állították, hogy hisznek Istenben, és mégis tele voltak gonoszsággal. Testi cselekedeteik voltak, mint a féltékenység, a gyűlölet, a büszkeség, a bírálat és az elítélés. A hús más dolgait is elkövették. Formálisan betartották a törvényt, és világi tiszteletet akartak. A Sátán, az öreg kígyó hatása alatt voltak (Jelenések 12:9). Így, amikor Keresztelő János "viperafészeknek" hívta őket, erre gondolt.

Teremjetek hát megtéréshez illő gyümölcsöket

Ha Isten gyermekei vagyunk, akkor világosságban kell élnünk, mert Isten a világosság (1 János 1:5). Ha sötétben vagyunk, ami ellentétes a Fénnyel, nem Isten gyermekei vagyunk. Ha nem cselekszünk igazságosságban, ami Isten Igéje, vagy ha nem szeretjük a testvéreinket a hitben, akkor nem Isten gyermekei vagyunk (1 János 3:10). Az ilyen emberek nem kaphatnak választ az imájukra. Nem kaphatják meg a megváltást, és sokkal kevésbé tapasztalják meg Isten munkáját.

A János 8:44 ezt tartalmazza: "Ti az ördög atyától valók vagytok, és a ti atyátok kívánságait akarjátok teljesíteni. Az emberölő volt kezdettől fogva, és nem állott meg az igazságban, mert nincsen ő benne igazság. Mikor hazugságot szól, a sajátjából szól; mert hazug és hazugság atyja."

Ádám engedetlensége miatt az egész emberiség az ellenséges ördögnek, a sötétség uralkodójának a gyermeke. Csak azok, akik a Jézus Krisztusban való hitük miatt megbocsátást kapnak, születnek újjá Isten gyermekeként. Ha azt állítod, hogy hiszel Jézus Krisztusban, de a szíved továbbra is tele van bűnnel és gonoszsággal, akkor nem lehetsz Isten igaz gyermeke.

Ha Isten gyermekei akarunk lenni, és üdvözülést akarunk, gyorsan meg kell bánnunk minden testi bűnünket és a testi dolgainkat, és a bűnbánat megfelelő gyümölcseit kell teremnünk úgy, hogy a Szentlélek vágyai szerint cselekszünk.

Ne feltételezd, hogy Ábrahám az atyád

After proclaiming to the Pharisees and Sadducees to bear the fruit in keeping with repentance, John the Baptist went on to say, Miután kijelentette a farizeusoknak és a sadduceusoknak, hogy tartsanak bűnbánatot, és teremjék ennek gyümölcseit, Keresztelő János ezt mondta: "És ne gondoljátok, hogy így szólhattok magatokban: Ábrahám a mi atyánk! Mert mondom néktek,

hogy Isten eme kövekből is támaszthat fiakat Ábrahámnak."
(Máté 3:9).

Mi a spirituális jelentés e vers mögött? Ábrahám leszármazottjának hasonlítania kell Ábrahámra. Ámde Ábrahámmal ellentétben, aki a hit atyja és igazságos ember volt, a farizeusok és a szadduceusok tele voltak féktelenséggel, és a szívükben hamisság volt. Miközben gonosz cselekedeteik voltak, és engedelmeskedtek az ördögnek, úgy vélték, hogy ők Isten gyermekei. Ezért szidta meg őket János, amikor Ábrahámhoz hasonlította őket. Isten látja az ember szívének középpontját, nem csak a külső megjelenését (1 Sámuel 16:7).

A Róma 9:6-8 ezt tartalmaza: "Nem lehet pedig, hogy meghiúsult legyen az Isten beszéde. Mert nem mindnyájan izráeliták azok, kik Izráeltől valók; Sem nem mindnyájan fiak, kik az Ábrahám magvából valók; hanem: Izsákban neveztetik néked a te magod. Azaz, nem a testnek fiai az Isten fiai; hanem az ígéret fiait tekinti magul."

Ábrahámnak sok fia volt, azonban csak Izsák leszármazottai lettek Ábrahám igazi leszármazottai - az ígéret leszármazottai. A farizeusok és szadduceusok vérük szerint zsidók voltak, de Ábrahámtól eltérően nem tartották Isten Igéjét. Tehát szellemileg nem lehetett elismerni Ábrahám igaz gyermekeiként őket.

Ugyanígy, csak azért, mert valaki elfogadja Jézus Krisztust, és tagja lesz egy egyháznak, nem jelenti azt, hogy automatikusan Isten gyermekévé válik. Az Isten gyermeke olyan emberre utal, aki a hit által megváltást kapott. Ráadásul a hit nem csak Isten Igéjének a meghallgatása. Cselekvésre kell azt váltani. Ha ajkunkkal azt valljuk, hogy az Ő gyermeke vagyunk, de a szívünk tele van igazságtalansággal, amelyet Isten megvet, nem nevezhetjük magunknak Isten gyermekének.

Ha Isten olyan gyermekeket szeretne, akik gonoszságból cselekedtek, mint a farizeusok és a szadduceusok, élettelen köveket választott volna, amelyek a földön forognak, hogy a Gyermekei legyenek. De nem ez volt Isten akarata.

Isten igazi gyerekeket akart, akikkel megoszthatta a Szeretetét. Olyan gyermekeket akart, mint Ábrahám, aki szerette Istent, és teljesen betartotta a szavát, és aki mindig szeretetből és jóságból cselekedett. Ez azért van, mert azok az emberek, akik nem irtják ki a szívükből a gonoszt, nem tudnak igazi örömet szerezni Istennek. Ha úgy élünk, mint a farizeusok és a szadduceusok, az Isten akarata helyett az ördög akaratát követve, akkor Istennek nem lett volna szüksége arra, hogy olyan nagy erőfeszítéseket tegyen, hogy az embert megalkossa és művelje. Jobban tette volna akkor, ha veszi a köveket, és Ábrahám leszármazottaivá alakítja őket!

"Minden fa, amely nem terem jó gyümölcsöt, kivágattatik és tűzre vettetik."

Keresztelő János ezt mondta a farizeusoknak és szadduceusoknak: "A fejsze pedig immár a fák gyökerére vettetett. Azért minden fa, amely jó gyümölcsöt nem terem, kivágattatik és tűzre vettetik." (Máté 3:10). Amit János gondolt itt az, hogy – mivel Isten Igéjét kijelentették -mindenkit a cselekedetei szerint ítélnek meg. Ezért minden olyan fa, amely nem terem jó gyümölcsöt, mint a farizeusok és a szadduceusok, a pokol tüzébe vettetik.

A Máté 7:17-21-ben Jézus ezt mondja: "Ekképpen

minden jó fa jó gyümölcsöt terem; a romlott fa pedig rossz gyümölcsöt terem. Nem teremhet jó fa rossz gyümölcsöt; romlott fa sem teremhet jó gyümölcsöt. Minden fa, amely nem terem jó gyümölcsöt, kivágattatik és tűzre vettetik. Azért az ő gyümölcseikről ismeritek meg őket. Nem minden, aki ezt mondja nékem: Uram! Uram! megyen be a mennyek országába; hanem aki cselekszi az én mennyei Atyám akaratát."

Jézus ezt is mondta a János 15:5-6-ban: "Én vagyok a szőlőtő, ti a szőlővesszők: Aki én bennem marad, én pedig ő benne, az terem sok gyümölcsöt: mert nálam nélkül semmit sem cselekedhettek. Ha valaki nem marad én bennem, kivettetik, mint a szőlővessző, és megszárad; és egybe gyűjtik ezeket és a tűzre vetik, és megégnek." Ez azt jelenti, hogy Isten gyermekei, akik az Ő akarata szerint cselekszenek, és gyönyörű gyümölcsöket teremnek, belépnek a mennybe, de azok, akik nem ezt teszik, az ördög gyermekei, és a pokol tüzébe kerülnek.

Amikor a Biblia a pokolról beszél, gyakran a "tűz" szót használja. A Jelenések 21:8 ezt mondja: "A gyáváknak pedig és hitetleneknek, és útálatosoknak és gyilkosoknak, és paráznáknak és bűbájosoknak, és bálványimádóknak és minden hazugoknak, azoknak része a tűzzel és kénkővel égő tóban lesz, ami a második halál." Az első halál az, amikor egy személy fizikai élete véget ér, míg a második az, amikor a lélek vagy a személy mestere fölött ítélkeznek, és beleesik a pokol örök tüzébe, amely soha nem hal meg.

A pokol a tüzes tóból és tüzes kéntóból áll. Azoknak, akik nem hisznek Istenben, és azok, akik azt állítják, hogy hisznek Benne, de a hamisságot gyakorolják, és nem termik a bűnbánat gyümölcsét, semmi közük sincs Istenhez, ezért a pokol tüzébe fognak menni. Azok az emberek, akik olyan gonoszat tettek, hogy emberileg elképzelhetetlen, vagy komolyan ellenezték Istent, vagy hamis próféták voltak, és sok embert indítottak el a pokolba vezető úton, elindulnak az égő kén tójába, ami hétszer olyan meleg, mint a tűz tava (Jelenések 19:20).

Vannak, akik azzal érvelnek, hogy miután megkapod a Szentlelket, és a neved rögzítve van az Élet könyvében, már megmenekültél, bármi is legyen. Ez azonban nem igaz. A Jelenések 3:1-ben ez olvasható: "Tudom a te dolgaidat, hogy az a neved, hogy élsz, és halott vagy." A Jelenések 3:5 ezt tartalmazza: "Aki győz, az fehér ruhákba öltözik; és nem törlöm ki annak nevét az élet könyvéből, és vallást teszek annak nevéről az én Atyám előtt és az ő angyalai előtt." "Hogy az a neved, hogy élsz" azokra vonatkozik, akik elfogadták Jézus Krisztust, és akiknek a nevét beírták az Élet könyvébe. Azonban ez a rész azt mutatja, hogy ha valaki bűnt követ el, és a halál útjára lép, akkor a neve kitörölhető a könyvből.

Az Exodus 32: 32-33-ban láthatjuk azt a jelenetet, ahol Isten dühös az izraelitákra, és a bálványimádásuk miatt majdnem megsemmisíti őket. Ebben az időben Mózes közbenjárt Izrael fiainak nevében, kérve Istent, hogy bocsásson meg nekik - még akkor is, ha ezzel a saját nevét kitörlik az Élet könyvéből. Isten azt mondta: "Aki vétkezik ellenem, kiviszem őt a könyvemből" (Exodus 32:33). Ez azt jelenti, hogy ha a neved rögzítésre került már a könyvben, akkor is törölhető, ha távol kerülsz Istentől.

A Bibliában sok helyen beszélnek a búza és a pelyva különválasztásáról a hívők között. A Máté 3:12 ezt mondja: "Akinek szóró lapát van az ő kezében, és megtisztítja az ő szérűjét;

és az ő gabonáját csűrbe takarítja, a polyvát pedig megégeti olthatatlan tűzzel." A Máté 13:49-50 ezt tartalmazza: "Így lesz a világ végén is: Eljőnek majd az angyalok, és kiválasztják a gonoszokat az igazak közül. És a tüzes kemencébe vetik őket; ott lészen sírás és fogcsikorgatás."

Itt az "igazak" a hívőkre utal, és "a gonoszakat az igazak közül" azokra vonatkozik, akik azt állítják, hogy hívők, de olyanok, mint a pelyva, azaz halott hitük van, ami cselekvés nélküli hit. Ezeket az embereket a Pokol tűzébe dobják.

Teremjetek hát megtéréshez illő gyümölcsöket

Keresztelő János arra sürgette az embereket, hogy ne csak bűnbánatot tartsanak, de a megtéréshez illő gyümölcsöket teremjék. Akkor: mik a megtéréshez illő gyümölcsök? A fény gyümölcsei, a Szentlélek és a szeretet gyümölcsei, amelyek az igazság gyönyörű gyümölcsei.

Erről a Galaták 5: 22-23-ban olvashatunk: "De a Léleknek gyümölcse: szeretet, öröm, békesség, béketűrés, szívesség, jóság, hűség, szelídség, mértékletesség. Az ilyenek ellen nincs törvény." És az Efezusi 5:9 ezt tartalmazza: "Mert a világosságnak gyümölcse minden jóságban és igazságban és valóságban van ..." Ezek közül mindenképpen vessünk egy pillantást a Szentlélek kilenc gyümölcsére, amelyek kiválóan képviselik ezeket a "jó gyümölcsöket."

Az első gyümölcs a szerelem. Az 1Korintusiak 13. fejezetében elmondják, hogy mi az igaz szeretet "A szeretet hosszútűrő, kegyes; a szeretet nem irígykedik, a szeretet nem kérkedik, nem fuvalkodik fel. Nem cselekszik éktelenül, nem keresi a maga hasznát, nem gerjed haragra, nem rójja fel a gonoszt" (4-5. vers). Más szavakkal, az igaz szeretet lelki szeretet. Ráadásul ez a fajta szeretet áldozati szeretet, amellyel valaki az életét is odaadhatja Isten királyságáért és igazságáért. Meg lehet szerezni ezt a fajta szeretetet, ha valaki megszabadul a bűntől, a gonosztól és a törvénytelenségtől, és megszentelődik.

A második gyümölcs az öröm. Azok az emberek, akiknek vannak öröm-gyümölcsei, örülnek, nem csak akkor, amikor a dolgok jól mennek, hanem minden körülmény között, és minden helyzetben. Mindig örülnek, a mennyország reményében. Ezért nem aggódnak, és bármilyen probléma merül fel, hitben imádkoznak, így válaszokat kapnak az imájukra. Hisznek abban, hogy a mindenható Isten az Atya, mindig örülnek, folyamatosan imádkoznak, és köszönetet mondanak minden körülmény között.

A béke a harmadik gyümölcs. Az, akinek ez a gyümölcse megvan, senkivel sem ütközik. Mivel ezeknek az embereknek nincs hajlandóságuk a harcra, a veszekedésre, az énközpontúságra vagy az önzésre, másokat maguk elé tudnak helyezni, áldozatot tudnak hozni értük, szolgálják őket, és kedvesen kezelik őket. Ennek eredményeként mindenkor elérhetik a békét.

A negyedik gyümölcs a türelem. Ennek a gyümölcsnek a termése azt jelenti, hogy türelmesek vagyunk az igazságban, a megértés és megbocsátás révén. Nem azt jelenti, hogy türelmesnek "tűnik" valaki, mert elnyomja a magában fortyogó dühöt. Azt jelenti, hogy a gonoszságot, a haragot és a dühöt megszünteti magában, és jósággal és igazsággal helyettesíti. Képes lesz minden embert megérteni, és átölelni őket. És mivel nincs negatív érzelme, nincs szüksége olyan szavakra, mint a "megbocsátás" "betegség," mivel ezeket a gyümölcsöket teremte. Ez a gyümölcs nem csak az emberekkel való kapcsolatra vonatkozik, hanem azt is jelenti, hogy önmagával türelmes az ember, miközben a gonoszságot kidobja a szívéből, és türelmesen várja, amíg az Istenhez küldött imádságai választ kapnak.

Az ötödik gyümölcs: a kedvesség, ami azt jelenti hogy megértőek vagyunk akkor is, amikor hihetetlennek tűnik, hogy valamit vagy valakit megértsünk. Ez a kedvesség azt is jelenti, hogy megbocsátunk, akkor is amikor lehetetlennek tűnik a megbocsátás. Hogyha énközpontú gondolataid vannak, vagy ha mindig igazad van, akkor a kegyelem gyümölcsét nem teremheted. Csak hogyha elfelejted magadat, és mindent széles szívvel magadhoz ölelsz, és szeretettel gondoskodsz az emberekről, érthetsz meg a másokat, és bocsáthatsz meg nekik.

A hatodik gyümölcs a jóság, ami azt jelenti hogy Krisztus szívét utánozzuk. Egy olyan szívet, amely soha nem vitatkozik, és nem hivalkodik, nem töri el a megtépázott nádat, és egy pislákoló kanócot sem fúj ki. Egy igaz szív, amely - mivel az összes bűnét megszüntette - a jóságot keresi mindig a Szentlélekben.

A hetedik gyümölcs a hűség. Azt jelenti, hogy a halálig hűségesek vagyunk abban, hogy a bűn ellen harcolunk, és megszabadulunk tőle annak érdekében, hogy a szívünkben elérjük az igazságot. Azt jelenti, hogy hűségesek vagyunk a templomi feladatainkban, az otthoni, munkahelyi, vagy bármilyen feladatokban. Azt jelenti, hogy Isten teljes házában hűségesek vagyunk.

A nyolcadik gyümölcs a gyöngédség. A gyöngédség gyümölcse azt jelenti, hogy olyan a szívünk, mint a puha pamut, és emiatt képesek vagyunk mindenféle embert magunkhoz ölelni. Hogyha gyöngéd szívünk van, mindegy, hogy ki jön és sérteget minket, nem fogunk megsértődni, nem fogunk fájdalmat érezni. Ha valaki egy nagy követ egy hatalmas gyapotcsomó közepére dob, a gyapot körülöleli a követ. Hogyha a gyöngédség gyümölcsét termed, akkor magadhoz tudod emelni az embereket, és sok embernek lehetsz árnyék, amikor egy békés helyet keres magának.

Végül: ha az önuralom gyümölcsét termed, akkor az életed minden területén stabilitást élvezhetsz. Egy rendezett életben a jó gyümölcsöket termed, megfelelő időben, ezért gyönyörű és áldott életed lesz.

Mivel Isten azt akarja, hogy a szívünk gyönyörű legyen, ezt mondta a Máté 5:14-ben: "Ti vagytok a világ világossága. Nem rejtethetik el a hegyen épített várost." A 16. versben pedig: "Ne gondoljátok, hogy jöttem a törvénynek vagy a prófétáknak eltörlésére. Nem jöttem, hogy eltöröljem, hanem inkább, hogy betöltsem." Hogyha a Fény gyümölcseit teremjük, amelyek megfelelnek a bűnbánattal, mivel valóban a Fényben vannak, a jóság és igazságosság túlcsordul az életünkben Efezusi 5:9).

Azok, akik a gyümölcsöket a bűnbánattal termik

Amikor megbánjuk a bűneinket, és gyümölcsöt terem a bűnbánatunk, Isten elismeri a hitünket, és megáld minket úgy, hogy megválaszolja az imáinkat. Isten kegyelmet ad, hogyha a szívünk mélyéből megbánjuk a bűneinket.

A megpróbáltatások idején Jónás felfedezte a gonoszságot a szívében, és a porban és hamuban bűnbánatot tartott. Akkor Isten a keléseket mind meggyógyította a testén, és dupla vagyonnal áldotta meg őt. Számos gyermeke született, és a gyerekei szebbek voltak, mint korábban (Jób 42. fejezet). Amikor Jónás a nagy hal gyomrában volt, bezárva, és bűnbánatot tartott, Isten megmentette őt.

Ninivé emberei böjtöltek, és bűnbánatot tartottak, miután Isten haragja figyelmeztette őket a bűneik miatt, és Isten megbocsátott nekik (Jónás 2-3. fejezet) Ezékiel, Júdea déli királyságának tizenharmadik királya, ezt a figyelmeztetést kapta Istentől: "Meghalsz, és nem élsz." Azonban, amikor bűnbánattal felkiáltott Istenhez, tizenöt évvel meghosszabbította az életét (2 Királyok 20. fejezet).

Ily módon, ha valaki gonosz cselekedetet követ el, de bűnbánatot tart a szívében, és valóban elfordul a bűntől, Isten fogadja a bűnbánatot. Isten megmenti az Ő népét, amint a Zsoltárok 103:12-ben írva van: "Amilyen távol van a napkelet a napnyugattól, olyan messze veti el tőlünk a mi vétkeinket."

A 2. Királyok 4. fejezetében Shunem egyik kiemelkedő asszonyát látjuk, aki hűségesen szolgálta Eliseus prófétát a vendégszeretetével. Bár nem kérte, kapott egy fiúgyermeket, akire már régóta vágyott. Nem azért szolgálta Eliseust, mert áldást akart kapni, hanem azért, mert szerette Isten szolgáját, és gondoskodni akart róla. Isten elégedett volt a jó cselekedetével, és megáldotta őt a fogamzás áldásával.

A Cselekedetek kilencedik fejezetében Tabithát látjuk, aki egy tanítvány volt, aki kedves és jótékony cselekedeteket hajtott végre. Amikor beteg lett és meghalt, Isten visszahozta őt az életbe Péter által. Azoknak a szeretett gyermekeknek, akik gyönyörű gyümölcsöket teremnek, Isten válaszolni akar az imáira, és meg akarja áldani őket kegyelemmel.

Ezért világosan kell ismernünk Isten akaratát, és a bűnbánat gyümölcseit kell teremnünk. Az Úr szívét kell utánoznunk, és az igazságosságot kell gyakorolnunk. Meg kell néznünk magunkat Isten Igéje szemszögéből, és hogyha az életünk bármely szelete nem egyezik Isten Igéjével, azért imádkozom, hogy fordulj vissza Hozzá, és a Szentlélek gyümölcseit teremd, valamint a szeretet gyümölcseit, hogy az összes imádra megkaphasd a válaszokat.

Glossary

A bűn és a gonosz közötti különbség

"Bűn" minden olyan cselekedet, amely nem a hit szerint történik. Nem a jó dolgot cselekedjük, miközben tudjuk, tudjuk, hogy mi lenne a jó dolog. Szélesebb megvilágításban megnézve, bármi, aminek nincsen köze a hithez, bűn. Ezért, a legnagyobb bűn az, hogyha nem hiszünk Jézus Krisztusban.

A gonoszság az, ami elfogadhatatlan, hogyha Isten Igéje szemszögéből megnézzük, azaz, minden, ami az igazsággal ellentétes. A bűnös természet az, ami az ember szívében lakik. A bűn egy specifikus, külső kifejeződése, vagy látható formája a gonosznak, amely valaki szívében létezik. A gonosz láthatatlan természetű, ezért a bűn az ember szívében megfészkelődött gonoszság.

Mi a jóság?

A szótárban a jóság "a jóság állapota vagy minősége, erkölcsi kiválóság, erény." Azonban, minden ember lelkiismeretétől függően, a jóság szintje más lehet. Ezért a jóság abszolút normáját az Isten Igéjében kell megtalálni, aki maga a jóság. A jóság az igazság, nevezetesen az Isten Igéje. Az Ő Akarata és Gondolata.

5. fejezet

"Iszonyodjatok a gonosztól, ragaszkodjatok a jóhoz."

"A szeretet képmutatás nélkül való legyen. Iszonyodjatok a gonosztól, ragaszkodjatok a jóhoz."
(Róma 12:9)

A mai világunkban látjuk a gonoszt, hogy létezik a szülő és gyermek, a házastársak, a testvérek és a szomszédok között. Az emberek beperlik egymást az örökségükért, és néha a saját érdekük miatt elárulják egymást. Ez nem csak viszályt okoz közöttük, hanem nagy szenvedést okoznak ezzel maguknak. Ezért Isten ezt mondta az 1 Thessalonika 5:22-ben: "Mindentől, ami gonosznak látszik, őrizkedjetek!"

Azt az embert hívjuk "jónak," aki erkölcsileg egyenes, és lelkiismeretes. Vannak olyan esetek, amikor még az ember "jó" erkölcse és lelkiismerete sem olyan jó, amikor az Isten Igéje szemszögéből megnézzük. Továbbá van, amikor ezek valóban ellentmondanak Isten akaratának. Az egyik igazság, amire emlékeznünk kell, az, hogy Isten Igéje - és csak az Ő Igéje - a "jóság" abszolút normája. Ezért minden, ami nem áll teljesen összhangban Isten Igéjével, gonosz.

Hogyan különbözik a bűn és a gonosz egymástól? Ez a két dolog hasonló, de mégis különbözik egymástól. Például, ha megnézünk egy fát, a gonosz olyan, mint a gyökér, amely a talaj alatt van,: láthatatlan, miközben a bűn olyan, mint a fa látható részei, mint az ágak, levelek és a gyümölcsök. Ahogy egy fa azért élhet, mert vannak gyökerei, egy személy a gonoszsága miatt követ el bűnöket. A gonosz a személyiségben lévő természet, és magában foglalja az összes, Istennek ellentmondó tulajdonságokat és feltételeket. Amikor ez a gonosz kifejezett formát vesz fel, gondolkodásként és cselekvésként, ezt "bűnnek" nevezik.

Hogyan jelenik meg a gonosz bűnként

A Lukács 6:45 ezt tartalmazza: "A jó ember az ő szívének jó kincséből hoz elő jót; és a gonosz ember az ő szívének gonosz kincséből hoz elő gonoszt: mert a szívnek teljességéből szól az ő szája." Ha a "gyűlölet" létezik a szívben, akkor "Ha a szívben létezik gyűlölet," "szarkasztikus megjegyzések," "kemény szavak," vagy más, sajátos bűn formájában jelenik meg. Annak érdekében, hogy lássuk: a gonoszság, mely a szívben van, hogyan jön elő bűn formájában, nézzük meg közelebbről Dávidot és Iskarióti Júdást.

Egy este, amikor Dávid király sétált a palotája háztetején, látta, hogy egy nő fürdik, és kísértésbe esett. Magához hivatta, és házasságtörést követett el vele. A nő Bathsheba volt, akinek a férje, Uriah, nem volt otthon, mert háborúba ment. Amikor Dávid megtudta, hogy Bathsheba terhes, azt tervezte, hogy Uriáht megöleti a csatatéren, és Bathsebát feleségül veszi.

Természetesen, Dávid csak kinevezte Uriáht a háború

vezetésére - nem ölte meg őt - és mint király, minden hatalommal és tekintéllyel rendelkezett, hogy annyi felesége legyen, amennyit csak akart. Dávid szívében azonban egyértelmű volt a szándék, hogy Uriáht megölesse. Ily módon, ha gonosz van a szíved valamelyik részén, bármikor bűnt követhetsz el. A bűnük következtében Dávid és Batsheba fia elhalálozott. Dávid másik fia, Absalom, elárulta őt. Ennek eredményeképpen Dávidnak el kellett menekülnie, és Absolon elkövette a megvetendő bűnt: lefeküdt az apja ágyasaival a népe előtt, fényes napvilágban. Ennek az eseménynek köszönhetően sok ember halt meg a királyságban, beleértve Absalomot is. A házasságtörés és a gyilkosság bűne nagy nyomorúságot okozott Dávid és népe számára.

Iskarióti Júdás, Jézus tizenkét tanítványának egyike, egy beszélő példája az árulásnak. Az alatt a három év alatt, amit Jézussal töltött, mindenféle csodát látott, amelyek csak Isten hatalmával voltak lehetségesek. A tanítványok közül ő volt az, aki vigyázott a pénzeszsákra. Gondja volt a kapzsisággal, amely a szívében lakozott, mert időről időre pénzt vett ki a zsákból, a saját szükségletei szerint. Végül a kapzsiság azt okozta, hogy a tanárát elárulta, és a bűnös lelkiismerete miatt felakasztotta magát.

Hogyha gonoszság van a szívedben, akkor soha nem tudod, hogy milyen alakban vagy formában fog előtörni onnan. Még ha kis gonoszságról is beszélünk, hogyha megnövekszik, a Sátán megnyilvánul általa, és bűnbe vezet, amelyet nem tudsz elkerülni. Lehet, hogy elárulsz egy másik személyt, vagy akár Istent is. Ez a fajta gonoszság fájdalmat és szenvedést okoz neked és a körülötted lévőknek. Ezért, utálnod kell a gonoszt, és a legkisebb formáját is ki kell küszöbölnöd magadból. Hogyha utálod a gonoszságot, akkor természetes módon elhatárolódsz tőle, nem gondolsz rá, és nem fogsz e szerint cselekedni. Csak jót fogsz cselekedni. Isten ezért mondta azt, hogy utálnunk kell azt, ami gonosz.

Az ok, amiért a betegség, megpróbáltatások és nyomorúság követ bennünket az, hogy a test bűneit elkövettük, mert megengedtük, hogy a gonoszság beköltözzön a szívünkbe, és kívülre is megnyilvánuljon a bűnök formájában. Hogyha nem ellenőrizzük a szívünket, és a test bűneit követjük, nem vagyunk különbözőek az állatoktól Isten szemében. Ha ez a helyzet, akkor Isten haragja megver bennünket, hogy újra emberek legyünk, és nem állatok

A gonoszt kidobni, és a emberévé válni

Az erőpróbák és a nyomorúságos dolgok nem csak azért történnek velünk, mert hamis gondolataink vannak, vagy testi cselekedeteink és gondolataink, amelyek a szívünkben léteznek. A gondolatok testi cselekedetekké vagy bűnös cselekedetekké változhatnak bármikor. Ezért meg kell szüntetnünk a testi dolgokat magunkban.

Mindenekelőtt, ha valaki nem hisz Istenben, még miután látta az Általa manifesztált csodákat is, ez a gonosz minden gonosz között. A Máté 11:20-24-ben Jézus elítélte azokat a városokat, ahol a csodáinak nagy része megtörtént, mert nem tartottak bűnbánatot. Korazinnak és Betsaidának Jézus azt mondta: "Jaj néked!" Majd így figyelmeztetett: "Tirusnak és Sidonnak könnyebb dolga lesz az ítélet napján, hogynem néktek." És Kapernaumnak ezt mondta: "Sodoma földének könnyebb dolga lesz az ítélet napján, hogynem néked."

Tirus és Szidon két nem zsidó város. Betsaida és Korazin izraeli városok a Galileai-tengertől északra. Betsaida három tanítvány, Péter, András és Fülöp szülővárosa is. Jézus kinyitotta a vak ember szemét itt, és ugyanitt hajtotta végre a két nagy hal és öt kenyér csodáját is, amelyekkel 5000 embert táplált. Mivel olyan csodákat tanúsított, amelyek több mint elegendő bizonyítékot adtak, hogy higgyenek Jézusban, követniük kellett volna Őt, megbánniuk a bűneiket, és a gonoszt ki kellett volna küszöbölniük a szívükből az Ő tanításai szerint. De nem tették ezt. Ezért voltak megbüntetve.

Ugyanez érvényes ma ránk is. Hogyha valaki tanuja a csodáknak és jeleknek, melyeket Isten egyik embere hajt végre, és még mindig nem hisz Istenben, hanem elítéli a helyzetet vagy Isten emberét, ez a személy bizonyítékát adja annak, hogy gonoszság van a szívében. Miért nem tudnak hinni az emberek? Azért, mert vissza kellene nyomniuk, és ki kellene küszöbölniük a testi dolgokat magukból, de nem teszik ezt meg, hanem inkább bűnöznek, és testi dolgokat követnek el. Minél többet bűnöznek, annál keményeb lesz a szívük. A lelkiismeretük érzéketlenné válik, és végül megkeményedik, mint a vas.

Bár Isten bemutatta a csodákat, az ilyen emberek nem képesek megérteni a csodákat, és hinni bennük. Mivel nincs megértés bennük, nem tudnak bűnbánatot tartani, és mivel nem tartanak bűnbánatot, nem tudják elfogadni Jézus Krisztust. Mint az az ember, aki lop: először fél a legkisebb tárgyat is ellopni, azonban - miután néhányszor megismételte ezt a cselekedetet - mindenféle lelkiismeretfurdalás nélkül ellop egy nagy tárgyat is, mivel a szíve megkeményedett a folyamatban.

Hogyha szeretjük, Istent akkor természetesen megvetjük a gonoszságot, és ahhoz ragaszkodunk, ami igaz. Azért, hogy ezt megtegyük, először abba kell hagynunk a test dolgainak a követését, melyeket ki kell hogy dobjuk a szívünkből.

Amikor a gonoszságtól és bűntől való megszabadulás folyamatában vagyunk, építhetjük az Istennel való kapcsolatunkat, és megkaphatjuk az Ő szeretetét (1 János 1:7,

3:9). Az arcunk mindig túláradó örömöt és hálát fog sugározni, és mindenféle betegségből meg tudunk gyógyulni, és bármiféle problémára, amivel szembetaláljuk magunkat a családunkban, a munkánkban vagy az üzletünkben, megoldást találhatunk.

Egy gonosz és hitehagyott nemzedék, amely egy jelre vágyik

A Máté 12:38-39-ben látjuk az írástudókat és farizeusokat, akik azt követelik Jézustól, hogy mutasson nekik egy jelet. Jézus azt mondta erre nekik, hogy egy gonosz és hitehagyott nemzedék arra vágyik, hogy egy jelet lásson. Például, vannak olyan emberek, akik ezt mondják: "Hogyha megmutatod nekem Istent, akkor hinni fogok," vagy: "Hogyha feltámasztasz egy halott embert, akkor hinni fogok." Ezek az emberek nem ártatlan szívvel beszélnek, amely valóban azt szeretné, hogy higgyen. A kétely hangján beszélnek.

Ez a tendencia, hogy nem hiszünk az igazságban, vagy a hajlam, hogy elűzzünk valakit, vagy kételkedjünk egy olyan emberben, aki jobb, mint önmagunk, vagy a vágy, hogy elutasítsunk bármit, ami nem egyezik a saját gondolatainkkal vagy véleményünkkel, mind a spirituális hitehagyottság természetére utal. Amikor elutasították a hitet, az emberek, akik azt követelték, hogy egy jelet lássanak, összeesküdtek, hogy valamiféle hibát találjanak Jézusban, hogy el tudják ítélni, és törvényen kívülinek nyilvánítsák Őt.

Minél több az önhittség, arrogancia és önzés van az emberekben, annál inkább hitehagyott ez a nemzedék. Ahogy egy civilizáció egyre fejlettebbé válik, mint ahogy ma történik, egyre több ember követel jeleket. Azonban: nagyon sok ember látja a jeleket, és még mindig nem hisz! Nem csoda, hogy ezt a generációt megfeddik, mert gonosz és hitehagyott!

Ha gyűlölöd a gonoszt, nem gyakorlod a gonosz dolgokat. Ha széklet kerül a testedre, lemosod. A bűn és a gonoszság, ami a lelket lebénítja és a halál útjába húzza, még mocskosabb, büdösebb és csúnyább, mint a széklet. Nem tudjuk összehasonlítani a bűn piszkosságát a székletével.

Pontosan milyen típusú gonoszságokat kell gyűlölnünk? A Máté 23. fejezetében Jézus megfeddi az írástudókat és a farizeusokat, mondván: "Jaj neked ..." A "Jaj neked" kifejezést használja, jelezve, hogy nem kapják meg az üdvösséget. Az okokat hét kategóriába soroljuk, és részletesebben tanulmányozzuk őket.

A gonoszság formái, amelyeket meg kell vetnünk

1. A mennyország ajtajának becsukása azért, hogy ne mehessenek be rajta mások

A Máté 23:13-ban Jézus ezt mondta: "De jaj néktek képmutató írástudók és farizeusok, mert a mennyeknek országát bezárjátok az emberek előtt; mivelhogy ti nem mentek be, akik be akarnának menni, azokat sem bocsátjátok be."

Az írástudók és farizeusok ismerték és leírták Isten Igéjét, és úgy tettek, mintha betartanák Isten szavát. Azonban, a szívük kemény volt, és Isten munkáit felületesen végezték csak. Ezért Isten megbüntette őket. Bár a szentség összes formai követelményét teljesítették, a szívük tele volt törvénytelenséggel és gonoszsággal. Amikor látták Jézust, hogy csodákat művel, amelyek emberi számítás szerint tehetetlenek voltak, ahelyett, hogy elismerték volna Őt, és örültek volna, mindenfé trükköket találtak ki Ellene. Még a halálát is kitervelték és vezényelték.

Igaz ez a mai emberekre is. Azok az emberek, akik azt állítják, hogy hisznek Jézus Krisztusban, de nem élnek példaértékű életet, ebbe a csoportba tartoznak. Hogyha valakitől azt kéred, hogy ezt mondja: "Nem akarok hinni Jézusban, olyan emberek miatt, mint te," akkor olyan ember vagy, aki a mennyei királyságot elzárja az emberek elől. Nem csak hogy nem mész a mennyországba, hanem másokat is megakadályozol abban, hogy oda menjenek.

Azok, akik azt állítják, hogy hisznek Istenben, de továbbra is kompromisszumot kötnek a világgal, olyanok, mint akiket Jézus megszidott. Ha a gyülekezet rendjében egy olyan egyháztag, aki tanítási pozícióban van, gyűlöletet mutat más személyek felé, haragszik vagy engedetlenséggel cselekszik, hogyan tud egy új keresztény csak ránézni vagy tisztelni őt, nemhogy megbízni benne? Valószínűleg csalódott lesz, és talán elveszíti a hitét. Ha a nem hívők között vannak olyanok, akiknek a felesége vagy férje megpróbál a hitben növekedni, és vagy üldözik őket, vagy gonosz cselekedetekre veszik rá őket, és részt vesznek a bűnben, akkor ők is kapnak egy "Jaj nektek" megrovást.

2. Ha valaki új hívő lesz, a pokol fiává teszitek őt, kétszer annyira, mint magatokat

A Máté 23:15-ben Jézus ezt mondja: "Jaj néktek képmutató írástudók és farizeusok! mert megkerülitek a tengert és a földet, hogy egy pogányt zsidóvá tegyetek; és ha azzá lett, a gyehenna fiává teszitek őt, kétszerte inkább magatoknál."
Van egy régi mondás, miszerint a sógornő, aki az anyósától sok nehézséget szenvedett el, még több nehézséget fog okozni a sógornőjének. Amit a személy lát és tapasztal, a memóriájába beágyazódik, és tudat alatt úgy jár el, ahogyan megtapasztalta. Ezért is fontos annyira, hogy mit tanulsz meg, és kitől tanulod. Ha megtanulod a keresztény gyaloglást az olyan emberektől, mint az írástudók és a farizeusok, akik, mint a vakok, még egy

vakot vezetnek, velük együtt gonoszságba esel.

Például, ha egy vezető örökké elítél másokat, pletykál és negatívan beszél róluk, a hívők, akik tőle tanulnak, szintén befoltosodnak a cselekedeteitől, és együtt a halál útjára térnek. A társadalomban, azok a gyermekek, akik olyan családban nőnek fel, ahol a szülők állandóan veszekednek és gyűlölik egymást, nagyobb eséllyel fognak félrecsúszni, mint azok a gyermekek, akik békés családban nőnek fel.

Ezért a szülők, tanárok és más vezetők jó példával kell hogy szolgáljanak mindenki más előtt. Hogyha ezen emberek szavai és cselekedetei nem példaértékűek, akkor ezzel azt okozzák, hogy mások megbotlanak. A templomban vannak olyan esetek, ahol egy vezető vagy egy templomi szolgáló nem jó példával szolgál, ezért megakadályozza a megújhodást, vagy a kiscsoportjuk, részlegük vagy szervezetük növekedését. Rá kell hogy jöjjünk, hogy ha ezt tesszük, akkor nem csak magunknak, hanem másoknak is azt okozzuk, hogy a pokol fiai lesznek.

3. Isten akaratának téves megvalósítása a kapzsiság és a hamisság miatt

A Máté 23:16-22-ben Jézus ezt mondja: "Jaj néktek vak vezérek, akik ezt mondjátok: Ha valaki a templomra esküszik, semmi az; de ha valaki a templom aranyára esküszik, tartozik az. Bolondok és vakok: mert melyik nagyobb, az arany-é, vagy a templom, amely szentté teszi az aranyat? És: Ha valaki az oltárra esküszik, semmi az; de ha valaki a rajta levő ajándékra esküszik, tartozik az. Bolondok és vakok: mert melyik nagyobb, az ajándék-é vagy az oltár, amely szentté teszi az ajándékot? Aki azért az oltárra esküszik, esküszik arra és mindazokra, amik azon vannak. És aki a templomra esküszik, esküszik arra és Arra, aki abban lakozik. És aki az égre esküszik, esküszik az Isten királyiszékére és arra, ki abban ül."

Ez az üzenet egy megrovás azok számára, akik hamisan tanítják Isten Igéjét a kapzsiságuk, a hamisságuk és a maguknak való szívük miatt. Hogyha valaki fogadalmat vagy ígéretet tesz Istennek, akkor a tanítók azt kell hogy tanítsák neki, hogy tartsa meg azt az ígéretet. Azonban a tanítók azt tanították az embereknek, hogy felejtsék el, és csak azokat az ígéreteket tartsák meg, amelyeket a pénzről vagy az anyagi javakról tettek. Hogyha egy lelkész elhanyagolja azt, hogy megtanítsa az embereknek, hogy az igazságban éljenek, és csak az anyagi áldozatokat hangsúlyozza, ő egy olyan vezető, aki megvakult.

Mindenekelőtt, egy vezetőnek azt kell megtanítani az embereknek, hogy bánják meg a bűneiket, és Isten igazságát gyakorolják, ezért be tudnak majd jutni a mennyei királyságba. Ígéretet téve a templomban Jézus Krisztus előtt, az oltárnál és a Mennyei Trónusnál ugyanezt jelenti, ezért meg kell bizonyosodni arról, hogy ezt az ígéretet megtartjuk.

4. A Törvény legfontosabb rendelkezéseinek figyelmen kívül hagyása

A Máté 23:23-24-ben Jézus ezt mondja: "Jaj néktek képmutató írástudók és farizeusok! mert megdézsmáljátok a mentát, a kaprot és a köményt, és elhagyjátok amik nehezebbek a törvényben, az ítéletet, az irgalmasságot és a hívséget: pedig ezeket kellene cselekedni, és amazokat sem elhagyni. Vak vezérek, akik megszűritek a szúnyogot, a tevét pedig elnyelitek."

Egy ember, aki igazán hisz Istenben, a teljes tizedet ki fogja fizetni. Hogyha teljes tizedet adakozunk, akkor áldásban lesz részünk. Azonban, ha nem, akkor megfosztjuk Istent (Malakiás 3: 8-10). Igen, az írástudók és a farizeusok odaadták a tizedet, azonban Jézus megszidta őket, mert az igazságot, a kegyelmet és a hűséget figyelmen kívül hagyták. Mit jelent az, hogy figyelmen kívül hagyjuk az igazságot, a kegyelmet és a hűséget?

Az "igazság" azt jelenti, hogy a bűnt eldobjuk magunktól, Isten Igéje szerint élünk, és hittel engedelmeskedünk Neki. Az "engedelmesség" világi jelentése az, hogy engedelmesek vagyunk, és megtesszük azt, amit képesek vagyunk megtenni. Azonban, az igazságban az engedelmesség azt jelenti, hogy képesek vagyunk engedelmeskedni és megtenni azokat a dolgokat is, amelyek látszólag teljesen lehetetlennek.

A Bibliában azok a próféták, akiket Isten elismert, engedelmeskedtek az Ő Igéjének, hittel. Szétválasztották a Vörös-tengert, lerombolták Jerikó falait, és a Jordán folyó folyását megállították. Hogyha a saját gondolataikat belehelyezték volna a helyzetbe, ezek a dolgok soha nem történtek volna meg. Azonban, hittel engedelmeskedtek Istennek, és Isten lehetővé tette ezeket a dolgokat.

A "kegyelem" azt jelenti, hogy egész életedben teljesíted az emberi kötelességedet, az élet minden területén. Létezik az alapvető morál és etika ezen a földön, amelyet az emberek meg tudnak tartani azért, hogy megmaradjanak emberi mivoltukban. Ezek azonban nem tökéletesek. Ha valaki külsőleg műveltnek és kifinomultnak tűnik, de gonoszság van benne, nem mondhatjuk, hogy valóban kifinomult. Annak érdekében, hogy valóban méltó életet éljünk, az egész emberi kötelességünket teljesítenünk kell: Isten parancsolatainak engedelmeskedni (Prédikátor 12:13).

A "hűség" azt jelenti, hogy Isten isteni természetében részt veszünk a hittel (2 Péter 1:4). Isten célja a mennyország, a föld, és minden, ami bennük van, megalkotásával, valamint az emberek megalkotásával az volt, hogy igaz gyermekeket nyerjen, akik az Ő szívét tükrözik. Isten azt mondta nekünk, hogy legyünk igazak, ahogy Ő is igaz, és legyünk tökéletesek, ahogy Ő is tökéletes. Nemcsak hogy úgy kell tűnjünk, hogy szentek vagyunk. Csak hogyha teljesen kiürítjük a gonoszságot a szívünkből, és az Ő parancsolatainak engedelmeskedünk, tudunk részt venni Isten isteni természetében.

Azonban, az írástudók és a farizeusok Jézus idejében figyelmen kívül hagyták az igazságot, a kegyelmet és a hűséget, és csak a tizedre és az anyagi áldozatokra figyeltek. Istennek sokkal jobban tetszik egy bűnbánó szív, mint a hamis szívvel felajánlott áldozatok (Zsoltárok 51:16-17). Azonban ők olyan valamit tanítottak, ami nem felelt meg Isten akaratának. Egy ember, aki tanítói pozícióban van, rá kell hogy mutasson az emberek bűnére, majd segítenie kell őket, hogy gyümölcsöt teremjenek a bűnbánat által, és el kell vezesse őket, hogy Istennel békében éljenek. Ez után meg kell tanítania nekik, hogy a tizedet be kell fizetniük, az istentisztelet, az ima és a többi dolog formaságát, amíg el nem érik a teljes üdvösséget.

5. A külső tisztán tartása, miközben belül marad a rablás és az önelégültség

A Máté 23:25-26-ban Jézus ezt mondta: "Jaj néktek képmutató írástudók és farizeusok! mert megtisztítjátok a pohárnak és tálnak külsejét, belől pedig rakvák azok ragadománnyal és mértékletlenséggel. Vak farizeus, tisztítsd meg előbb a pohár és tál belsejét, hogy külsejük is tiszta legyen."

Ha egy tiszta kristálypoharat megnézel, nagyon tisztának és gyönyörűnek látod. Azonban attól függően, hogy mit helyezel a pohárba, még gyönyörűbbé válhat, vagy elszennyeződhet. Ha tele van piszkos vízzel, akkor csak piszkos pohár lehet. Ugyanúgy, még ha valaki kívülről Isten személyének is látszik, ha a szíve tele van gonoszsággal, Isten, aki látja a szívet, meglátja az összes piszkot a belsejében, és foltosnak gondolja őt.

Az emberi kapcsolatokban is, függetlenül attól, hogy mennyire tiszta, jól öltözött és műveltnek tűnő egy ember kívülről, ha felfedezzük, hogy tele van gyűlölettel, irigységgel, féltékenységgel és mindenféle gonoszsággal, tisztátalanságot és szégyent érzünk. Akkor hogyan érzi Magát Isten, aki az igazság, amikor ilyen embereket lát? Meg kell vizsgálnunk magunkat az Isten Igéjében, és megbánjuk minden kicsapongásunkat és kapzsiságunkat, és törekedünk kell arra, hogy tiszta szívvel éljünk. Ha Isten Igéje szerint cselekedünk, és továbbra is megszabadulunk a bűneinktől, akkor a szívünk tiszta lesz, így a külső megjelenésünk természetesen tiszta lesz és szent.

6. Olyanok legyünk, mint a fehérre meszelt sír

A Máté 23:27-28-ban Jézus ezt mondja: "Jaj néktek képmutató írástudók és farizeusok, mert hasonlatosak vagytok a meszelt sírokhoz, amelyek kívülről szépeknek tetszenek, belől pedig holtaknak csontjaival és minden undoksággal rakvák. Épen így ti is, kívülről igazaknak látszotok ugyan az emberek előtt, de belől rakva vagytok képmutatással és törvénytelenséggel."

Nem számít, mennyi pénzt költenek arra, hogy kidíszítsenek egy sírt, végső soron mi van benne? Egy lebomló, elpusztult holttest, amely hamarosan egy maréknyi porrá válik! Ezért a fehérre meszelt sír a képmutatókat szimbolizálja, akik csak kívülről jólneveltek. Jól néznek ki, kedvesek és egészségesek kívülről, tanácsot adnak másoknak, és szidalmazzák őket, míg belülről igazából gyűlölet, irigység, féltékenység, házasságtörés, stb. van bennük.

Ha megvalljuk, hogy hiszünk Istenben, de a gyűlöletet a szívünkben megtartjuk, mert elítélünk másokat, akkor más emberek szemében meglátjuk a szálkát, de nem látjuk a deszkát a saját szemünkben. Ezt mondják képmutatásnak. Ez nem hívőkre is alkalmazható. Ha olyan szívünk van, amely hajlamos arra, hogy eláruljuk a férjünket vagy feleségünket, elhanyagoljuk a gyermekeinket, vagy nem tiszteljük a szüleinket, miközben az igazságot kigúnyoljuk, és másokat kritizálunk, ez szintén képmutatás.

7. Magunkat igazságosnak gondolni

A Máté 23:29-33-ben Jézus ezt mondja: "Jaj néktek képmutató írástudók és farizeusok! mert építitek a próféták sírjait és ékesgetitek az igazak síremlékeit. És ezt mondjátok: Ha mi atyáink korában éltünk volna, nem lettünk volna az ő bűntársaik a próféták vérében. Így hát magatok ellen tesztek bizonyságot, hogy fiai vagytok azoknak, akik megölték a prófétákat. Töltsétek be ti is a ti atyáitoknak mértékét! Kígyók, mérges kígyóknak fajzatai, miképpen kerülitek ki a gyehennának büntetését?"

A képmutató írástudók és farizeusok kiépítették a próféták sírjait, és kidíszítették az igazak emlékműveit, és azt mondták: "Ha mi atyáink korában éltünk volna, nem lettünk volna az ő bűntársaik a próféták vérében." Ez a vallomás azonban nem igaz. Az írástudók és a farizeusok nemcsak hogy nem ismerték fel Jézust, aki a Megváltóként jött, de elutasították Őt, végül keresztre szegezték, és megölték Őt. Hogyan hívhatják magukat igazabbnak, mint őseik?

Jézus megszidta a képmutató vezetőket, ezt mondva: "Töltsétek be ti is a ti atyáitoknak mértékét." Ha valaki bűnt követ el, ha még van egy kis lelkiismerete, bűnösnek érzi magát, és abbahagyja a bűnök elkövetését. De vannak olyanok is, akik nem hagynak fel a gonosz cselekedeteikkel, még a keserű vég előtt sem. Erre gondolt Jézus Krisztus, amikor azt mondta: "Töltsétek be." Az ördög gyermekeivé váltak, viperák fészkévé, és még gonoszabbul cselekedtek.

Hasonlóképpen, ha valaki hallja az igazságot, és lelkifurdalást érez, de mégis igaznak tartja magát, és nem hajlandó megbánni a bűneit, akkor nem különbözik egy olyan személytől, aki betölti az ő atyái bűneinek mértékét. Jézus azt mondta, ha ezek az emberek nem tartanak bűnbánatot, és nem termik a bűnbánat gyümölcseit, akkor nem kerülhetik el a pokol ítéletét.

Meg kell néznünk magunkat a Jézusi bírálat fényében, melyet az írástudóknak és a farizeusoknak mondott, és meg kell nézzük, van-e valami, ami minket is érint, és hamar meg kell szabadulnunk ezektől. Remélem, hogy te, az olvasó, igazságos ember leszel, aki gyűlöli a gonoszt, és ragaszkodik a jóhoz, így minden dicsőséget megad az Istennek és élvezi az áldott életet – amennyire csak a szíved akarja!

Szójegyzék, és további magyarázat

Mi az emberi művelés?
A "művelés" az a folyamat, amikor a gazda vetőmagot vet, gondoskodik róla, és az gyümölcsöt terem. Ahhoz, hogy valódi gyermekeket tudjon művelni, Isten elültette Ádámot és Évát első gyümölcsként ezen a világon. Ádám bukása után az emberiség bűnösnek bizonyult, és miután megkapta Jézus Krisztust a Szentlélek segítségével, képes volt visszaszerezni Isten valódi képét, amely egykor az emberekben volt. Tehát az emberiség teremtésének és az emberiség teljes történelmének az utolsó ítéletig történő teljes folyamatát "emberi művelésnek" hívják.

A "test," a "hús," és a "hús dolgai" közötti különbség
Általában, amikor az emberi testre utalunk, a "test" és a "hús" kifejezést felcserélhetően használjuk. A Bibliában azonban mindegyiknek van egy konkrét szellemi jelentése. Van, amikor a "testet" egyszerűen az emberi test megnevezésére használják, de lelki, spirituális értelemben azokra a dolgokra utal, amely a bomlásról, a változásról, a rosszindulatú és piszkos dolgokról szólnak.
Az első ember, Ádám, élő szellem volt, és nem volt bűne. Azonban, miután megkísértette a Sátán, hogy egyen a jó és a rossz tudásának gyümölcséből, meg kellett tapasztalnia a halált, mert a bűn fizetése a halál (1 Mózes 2:17, Róm 6:23). Isten elültette az életet, az igazság tudását az emberbe a teremtéskor. Az embernek ez az igazság nélküli alakja, amely Ádám vétke után kiszivárgott, a "test." A testtel összekapcsolt bűnös természet pedig a "hús." Ennek a testnek nincs látható formája, de a bűnös természet, amely benne van, bármikor előjöhet.

Az ember szívének talaja
A Biblia az ember szívének talaját különböző típusokra kategorizálja: az útmenti, a sziklás talaj, a tüskés talaj és a jó talaj típusra (Márk 4. fejezet).

Az útszéli a kemény és kérges szívre vonatkozik. Még hogyha Isten Igéjének magját ilyen típusú szívbe is ültetik el, a mag nem képes kicsírázni, és nem hozhat gyümölcsöt. Ezért az ember nem kaphatja meg a megváltást.

A sziklás talaj olyan személyt jelent, aki a fejével megérti az Isten Igéjét, de a szívével nem tudja elhinni. Az Igét hallgatva elkötelezheti magát, hogy alkalmazza a tanult dolgokat, de amikor nehézségek merülnek fel, nem tudja megtartani a hitét.

A tüskés talaj olyan ember szívére utal, aki hallgatja, megérti és alkalmazza Isten Igéjét az életére, de nem tudja leküzdeni a világ kísértéseit. A világ gondjai, kapzsisága és a testi vágya elcsábítja, így a megpróbáltatások és a nyomorúság követik őt, és ő nem tud lelkileg növekedni.
A jó talaj annak az embernek a szívét jelenti, ahová, ha Isten Igéje beleesik, az Írás harminc-, hatvan- és százszoros gyümölcsöt terem, és Isten áldása és válaszai mindig követik őt.

A Sátán és az ördög szerepe

A Sátán egy olyan lény, amely a sötétség erejével veszi rá az embereket a gonosz dolgokra. Nincs konkrét formája. Folyamatosan terjeszti a sötét szívét, gondolatait és erejét, hogy a gonoszságot a levegőbe juttassa, mint egy rádióhullámot. És amikor az ember szívében lévő valódi gonoszság ráhangolódik a frekvenciájára, akkor az ember gondolatait felhasználva a sötétség ereje beszivárog az emberbe. Ezt hívjuk "a Sátán munkájának fogadásának," vagy "a Sátán hangjának meghallgatásának."
Az ördög azon angyalok egyike, akik Luciferrel együtt elestek. Fekete öltözetben járnak, arcvonásaik, kezük és lábuk olyan, mint egy emberé vagy angyalé. A Sátántól kapja a parancsokat, és számos ördögöt utasít, hogy betegségeket okozzon az embereknek, és a bűnre és gonoszra rávegye őket.

Az edény jellege, és a szív karaktere

Az embereket "edényeknek" nevezik. Az ember edényének jellege attól függ, hogy mennyire jól hallgatja az Isten Igéjét, és írja be a szívébe, és milyen jól hajtja végre hittel való cselekvésként. Az edény jellege az anyag fajtájától függ. Ha egy ember edénye jó tulajdonságokkal bír, nagyon gyorsan megszentelhető, és szélesebb körben is képes lesz lelki hatalmat mutatni. Annak érdekében, hogy ápolja az edénye jó tulajdonságait, az Igét helyesen kell hallgatnia, és a szívének a középpontjába kell beírnia minden embernek. Az, hogy mennyire szorgalmasan hajtja végre azt, amit megtudott, meghatározza az edény sajátosságát.
A szív karaktere attól függ, hogy milyen szélesen használják a szívet, és az edény méretétől. Vannak olyan esetek, amelyek 1) meghaladják az ember kapacitását, 2) csak elérik az ember kapacitását, 3) alig minimális kapacitásról szólnak, és 4) az az eset, ahol jobb, ha nem kezdi el a munkáját valaki, mert minden gonoszt elkövet. Ha az ember szívének karaktere kicsi és hiányos, akkor meg kell dolgoznia annak érdekében, hogy szélesebb, nagyobb szívvé alakuljon.

Az igazság Isten szemében

Az igazság első szintje a bűnök megszüntetése. Ezen a szinten az ember megerősödik azzal, hogy elfogadja Jézus Krisztust, és megkapja a Szentlelket. Aztán, felfedezi a bűneit, és szorgalmasan imádkozik, hogy megszüntesse ezeket a bűnöket. Isten örül ennek a cselekedetnek, és válaszol az ember imáira, és áldja őt.
Az igazság második szintje az Ige megtartása. Miután az ember kiküszöböli a bűnöket, feltöltekezik Isten Igéjével, és képes rá, hogy betartsa azt. Például, ha hallott egy igét arról, hogy nem kell gyűlölni senkit, kiveti a gyűlöletet magából, és arra törekszik, hogy mindenkit szeressen. Ily módon engedelmeskedik Isten Igéjének. Megkapja az áldást, hogy egészséges legyen, és minden imát, amelyet elmond, megválaszolnak.
Az igazság harmadik szintje örömmel fogadni Istent. Ezen a szinten nemcsak a bűnt küszöböli ki, hanem mindenkor Isten akaratának megfelelően cselekszik. Az életét arra szenteli, hogy teljesítse a hivatását, elhívását. Ha valaki eléri ezt a szintet, Isten még a legkisebb kívánságát is megválaszolja, amit a szívében kitalál.

Az igazlelkűségről

"...És igazság tekintetében, hogy én az én Atyámhoz megyek, és többé nem láttok engem." (János 16:10)

"És hitt az Úrnak és tulajdoníttaték az őnéki igazságul." (Genezis 15:6)

"Mert mondom néktek, hogy ha a ti igazságotok nem több az írástudók és farizeusok igazságánál, semmiképpen sem mehettek be a mennyeknek országába." (Máté 5:20)

"Most pedig törvény nélkül jelent meg az Istennek igazsága, amelyről tanúbizonyságot tesznek a törvény és a próféták; Istennek igazsága pedig a Jézus Krisztusban való hit által mindazokhoz és mindazoknak, akik hisznek. Mert nincs különbség." (Róma 3:21-22)

"...Teljesek lévén az igazságnak gyümölcsével, melyet Jézus Krisztus teremt az Isten dicsőségére és magasztalására." (Filippi 1:11)

"...Végezetre eltétetett nékem az igazság koronája, melyet megád nékem az Úr ama napon, az igaz Bíró; nemcsak nékem pedig, hanem mindazoknak is, akik vágyva várják az ő megjelenését." (2 Timóteus 4:8)

"...És beteljesedett az Írás, amely ezt mondja: Hitt pedig Ábrahám az Istennek, és tulajdoníttatott néki igazságul, és Isten barátjának neveztetett." (Jakab 2:23)

"Erről ismerhetők meg az Isten gyermekei és az ördög gyermekei: aki igazságot nem cselekszik, az egy sem az Istentől való, és az sem, aki nem szereti az ő atyjafiát." (1 János 3:10)

6. fejezet

Becsületesség, mely az élethez vezet

"Bizonyára azért, miképpen egynek bűnesete által minden emberre elhatott a kárhozat: azonképpen egynek igazsága által minden emberre elhatott az életnek megigazulása."
(Róma 5:18)

Találkoztam az élő Istennel, miután hét évig a betegség miatt ágyhoz voltam kötve. Nem csak hogy az összes betegségem meggyógyult a Szentlélek tüze által, hanem - miután megbántam a bűneimet - örök életet nyertem, amellyel lehetőségem van a mennyországban élni örökre. Isten kegyelméért annyira hálás voltam, hogy elkezdtem templomba járni, abbahagytam az ivást, és nem szolgáltam fel másoknak alkoholos italokat.

Egyszer egy rokonom kigúnyolta az egyházat. Nem voltam képes ezt elhallgatni, és dühösen ezt mondtam: "Miért beszélsz negatívan Istenről, és mondasz rosszat a templomról és a lelkészről?" Mint egy újszülött keresztény, azt gondoltam, hogy jogosan cselekedtem. Csak később jöttem rá, hogy a cselekedetem nem volt helyes. Az igazságosság, ahogy én értelmeztem, az Isten előtti igazságosság fölé kerekedett. Vitában és veszekedésben csúcsosodott ki. Ebben a helyzetben, mi a helyes viselkedés Isten szemében? Meg kellett volna értenem a másik személyt szeretettel. Hogyha arra gondolunk, hogy azért cselekszenek így, mert nem ismerik az Urat és Istent, akkor nincs okunk rá, hogy dühösek legyünk velük. Az igazságosság szerint imádkozni kell értük szeretetben, és bölcs utat kell keresni arra, hogy megtérítsük őket, és elvezessük őket oda, hogy Isten gyermekei váljanak.

Az igazságosság Isten szemében

Az Exodus 16:26 ezt mondja: "I Ha a te Uradnak Istenednek szavára hűségesen hallgatsz és azt cselekeszed, ami kedves az ő szemei előtt..." Ez a vers világosan elmondja nekünk a tényt, hogy az ember fogalmai szerinti igazságosság és az igazságosság Isten szemszögéből teljesen más.

Világunkban, hogyha valaki elégtételt vesz egy másik ember felett, gyakran azt gondolják, hogy helyesen cselekedett. Azonban Isten azt mondja, hogy szeretni, még az ellenségeinket is, becsületes, igazságos dolog. A világ szerint helyes, hogyha valaki azért harcol, ami a meggyőződése, még olyan áron is, hogy más emberekkel megtöri a békét. Azonban Isten nem gondolja, hogy egy személy igazságos, amikor másokkal háborúzik, csak azért, mert meg van győződve, hogy igaza van.

Ezen a világon, függetlenül attól, hogy mennyire gonosz a szíved, mennyire van tele gyűlölettel, egyet nem értéssel, féltékenységgel és magadnak valósággal, amíg nem szeged meg az ország törvényeit, és nem bűnözöl a cselekedeteiddel, senki nem fog igaztalannak, becstelennek tartani. Azonban, még ha nem is ismered el, amikor bűnöket követsz el a cselekedeteiddel, hogyha gonoszság van a szívedben, Isten igaztalan személynek fog tekinteni. Az ember fogalma az igazságról és becsületről más és más a különböző emberek, helyek és generációk között. Ezért, annak érdekében, hogy igazi mércét állítsunk fel az igazság és a hamisság tekintetében, a mércét Istenre kell alapoznunk. Amit Isten igazságosságnak hív, az a helyes értelmezése az igazságosságnak.

Mit tett Jézus? A Róma 5:18 ezt tartalmazza: "Bizonyára azért, miképpen egynek bűnesete által minden emberre elhatott a kárhozat: azonképpen egynek igazsága által minden emberre elhatott az életnek megigazulása." Itt az "egynek bűnesete" Ádám bűne, aki az egész emberiség atyja, és az "egynek "igazsága" Jézus, aki az Isten Fia. Megcselekedte az igazságos cselekedetet, amellyel sok ember életét megmentette. Nézzük meg bővebben, mi ez az igazságosság, ami az embereket életre vezeti.

Az igazság egyetlen cselekedete, amely megmenti az egész emberiséget

A Genezis 2:7-ben azt olvassuk, hogy Isten megteremtette az első embert, Ádámot az Ő képére. Aztán az orrlyukaiba lélegzetet lehelt, és élő lélekké alakította. Csakúgy, mint egy újszülöttbe, semmi nem volt belevésve, egy friss új hajtás volt ő. Ahogy egy bébi növekedik, és elkezdi eltárolni és használni az ismeretét azon keresztül, amit lát és hall, Isten megtanította őt a teljes univerzum harmóniájára, a lelki birodalom törvényeire, és az igazság szavára.

Isten mindenre megtanította Ádámot, amire szüksége volt ahhoz, hogy megéljen. Isten, aki az egész teremtés ura volt, egyetlen dolgot megtiltott Ádámnak. Szabadon ehetett bármilyen fáról az Édenkertből, kivéve a jó és a rossz tudásának fájáról. Isten keményen figyelmeztette őt, hogy azon a napon, amikor erről eszok, bizonnyal meghal (Genezis 2:16-17).

Azonban, hosszú idő elteltével elfelejtette ezeket a szavakat, és a kígyó kísértésébe esett, és evett a tiltott gyümölcsből. Ennek eredményeképpen az Istennel történő kommunikációja szigorúvá vált, és ahogy Isten mondta: "Bizonyára meghalsz," Ádám lelke, mely élő lélek volt, meghalt. Mivel nem engedelmeskedett Isten Igéjének, hanem az ellenséges ördög szavainak hitt, az ördög gyermekévé vált.

Az 1 János 3:8 ezt tartalmazza: "Aki a bűnt cselekszi az ördögből van; mert az ördög kezdettől fogva bűnben leledzik. Azért jelent meg az Istennek Fia, hogy az ördög munkáit lerontsa." És a János 8:44, "Ti az ördög atyától valók vagytok, és a ti atyátok kívánságait akarjátok teljesíteni. Az emberölő volt kezdettől fogva, és nem állott meg az igazságban, mert nincsen ő benne igazság. Mikor hazugságot szól, a sajátjából szól; mert hazug és hazugság atyja."

Hogyha Ádám az, aki engedetlen volt és bűnözött, miért bűnösök a leszármazottai? Egy gyerek nagy valószínűséggel a szuleire fog hasonlítani, főleg a külső megjelenését tekintve. Azonban, a személyisége, és még a beszédmódja is a szüleire fog hasonlítani. Ez azért van, mert egy "csit," vagy "életerőt" fog örökölni a szüleitől, és ahogy ez az életerő a gyerekre öröklődik, a szülőknek a bűnös természete szintén az örökségévé válik (Zsoltárok 51:5). Az újszülött bébit nem tanítják meg sírni és panaszkodni, azonban magától is ezt teszi. A bűnös természet az életerőben van, amelyet generációról generációra, egészen Ádámtól kezdődően a szülők a gyerekeknek átadtak.

Az eredeti bűnön túl, amit az ember örökölt, a saját bűneit is elköveti, és ezért a szíve egyre foltosabb lesz a bűntől. Aztán ugyanúgy átadja a gyerekeinek. Ahogy az idő múlik, a világ tele lesz bűnnel. Hogyan tudja egy ember, aki az ördög gyerekévé vált, visszaállítani a kapcsolatát Istennel?

Isten tudta az elejétől kezdve, hogy az ember bűnözni fog. Ezért előkészítette az üdvösség gondviselését, és elrejtette azt. Az emberiség Jézus Krisztus általi megváltása titok volt, amely az idő kezdete óta rejtve volt. Ezért Jézus Krisztus, aki bűntelen volt, és nem volt rajta folt, magára vette az átkot, és a keresztre feküdt, hogy megnyissa az üdvösség útját az emberiségnek, aki halálra volt ítélve. Ezzel az igazságos cselekedettel Jézus Krisztus megszabadította az embereket, akik egykor bűnösök voltak, a haláltól, és igaz életet nyertek így.

Az igazság kezdete az Istenben való hit

A "becsületesség" azt jelenti, hogy megfelelünk az erénynek vagy erkölcsnek. Azonban, az Isten szerinti becsületesség vagy igazságosság azt jelenti, hogy hittel engedelmeskedünk az Iránta érzett tiszteletünk miatt, megszabadulunk a bűneinktől, és megtartjuk az Ő parancsolatait (Prédikátor 12:13). A Biblia az Istenben való kételkedést bűnként jellemzi (János 16:9). Ezért, az egyszerű istenhit igazságos és becsületes cselekedet, és az első feltétele annak, hogy valaki igazságos emberré váljon.

Hogyan nevezhetünk egy embert igaznak vagy helyesnek, hogyha elhanyagolja vagy elárulja a szüleit, akik életet adtak neki? Az emberek ujjal mutogatnak rá, és bűnösnek kiáltják ki, aki nem emberséges. Ha valaki nem hisz Istenben, a Teremtőben, aki megteremtett minket, és nem hívja Őt Isten Atyának, és mindezek tetejébe, hogyha az ellenséges Ördögöt szolgálja - akit Isten a legjobban utál - akkor ez is egy súlyos bűnné válik.

Ezért, annak érdekében, hogy igazságos emberré váljunk, először és mindenekfölött hinnünk kell Istenben. Ahogy

Jézusnak i teljes hite volt Benne, és megtartotta az Ő Igéjét, nekünk is hinnünk kell Benne, és meg kell tartsuk az Ő Szavait. Az istenhit azt jelenti, hogy hiszünk abban, hogy Isten az Úr, minden teremtett lélek, a teljes univerzum és az ember teremtője, és egyedül Ő az élet és a halál és az emberiség Ura. Hiszünk abban is, hogy Isten Önmagában létezik, és Ő az első és az utolsó, a kezdet és a vég. Azt jelenti, hogy hiszünk abban, hogy Ő a végső bíró, aki előkészítette a mennyet és a poklot, és igazsággal fog ítélkezni minden ember fölött. Isten elküldte az egyetlen Fiát, Jézus Krisztust erre a világra, hogy megnyissa az üdvösség útját számunkra. Ezért, hogyha hiszünk Jézus Krisztusban, és megkapjuk az üdvösséget, lényegében hiszünk Istenben.

Van valami, amit Isten kér minden gyermekétől, aki átmegy az üdvösség kapuján. Földünkön a polgárok egy bizonyos ország állampolgárai, amelynek be kell hogy tartsák a törvényeit. Hasonlóan, hogyha a mennyország állampolgárává válsz, engedelmeskedned kell a mennyország törvényének, amely Isten Igéje, ami az igazság maga. Például az Exodus 20:8-ban ezt olvassuk: "Megemlékezzél a szombatnapról, hogy megszenteljed azt." Engedelmeskedned kell Isten törvényének, és nagyon fontos kell hogy legyen, hogy a vasárnapot megtartsd szabadnak, és nem kötsz kompromisszumot a világgal. Azért kell, hogy megtegyük ezt, mert Isten az ilyen hitet és engedelmességet becsületességnek és engedelmességnek tekinti.

Jézus Krisztus által Isten felvilágosított bennünket az igazságosság törvényéről, amely elvezet bennünket az Istenhez, az élethez. Hogyha engedelmeskedünk ennek a törvénynek, akkor becsületessé válunk, és a mennyországba mehetünk, ahol Isten dicsősége, szeretete és az áldások várnak ránk.

Jézus Krisztus igazságossága, amelyet nekünk is utánoznunk kell

Még Jézus, aki az Isten Fia is, teljesítette az igazságosságot azzal, hogy engedelmeskedett Isten törvényeinek. Mindenekfölött: amíg a földön volt, soha nem mutatott semmiféle gonoszságot. Mivel a Szentlélek által fogantatott, nem volt benne az eredendő bűn. Mivel semmiféle gonosz gondolata nem volt, nem is követett el semmiféle bunt.

Legtöbbször az emberek gonosz cselekedeteket azért követnek el, mert törvénytelen gondolataik vannak. Egy kapzsi ember ezt gondolja: "Hogyan nyerhetek vagyont? Hogyan vehetem el ennek az embernek a vagyontárgyait, és hogyan tehetem a magamévá őket?" Aztán ez az ember a gondolatát elülteti a szívében. Ha a szíve felzaklatódik, nagy valószínűséggel gonosz cselekedeteket követ el. Mivel kapzsiság van a szívében, a Sátán megkísérti a gondolatai által, és amikor elfogadja ezt a kísértést, végül gonosz cselekedeteket követ el, mint a csalás, sikkasztás és lopás.

A Jób 15:35 ezt tartalmazza: "Nyomorúságot fogan, álnokságot szül, és az ő méhök csalárdságot érlel." És a Mózes 6:5-ben azt mondja, hogy mielőtt az Isten ítélete elérte volna a világot az özönvíz által, az ember gonoszsága nagy volt a földön, és hogy az ember szívének szándéka folyamatosan rossz volt. Mivel a szív gonosz, az elme is gonosz. Ha azonban a szívünkben nincs gonosz, a Sátán nem tud a gondolatainkon átjutni, hogy megkísértsen minket. Ahogyan meg van írva: a szájból érkező dolgok a szívből származnak (Máté 15:18), ha a szív nem gonosz, nincs gonosz gondolata vagy cselekedete.

Jézusnak, akiben nem volt meg az eredendő bűn, sem az önmaga által elkövetett bűnök, olyan szíve volt, amely maga volt a szentség. Ezért az összes cselekedete mindig jó volt. Mivel a szíve igazságos volt, csak igaz gondolatai voltak, és igaz cselekedetei. Annak érdekében, hogy becsületes, igazságos emberekké váljunk, meg kell hogy védjük a gondolatainkat úgy, hogy a szívünkből kiküszöböljük a gonoszságot, és így a cselekedeteink is egészségesek lesznek.

Hogyha engedelmeskedünk, és pontosan azt tesszük, amit a Biblia mond, hogy megtegyünk, ne tegyük meg, tartsuk meg, vagy szabaduljunk meg tőle, akkor az Isten szíve vagy az igazság a szívünkbe költözik, és nem fogunk bűnözni a gondolatainkkal.

És a cselekedeteink a Szentlélek irányításával egészségesek lesznek. Isten azt mondja: "tartsd meg a vasárnapot szentnek," ezért meg kell szentelnünk a vasárnapot. Azt mondja, hogy "imádkozz, szeress, és oszd meg az evangéliumot," ezért imádkozunk, szeretünk, és megosztjuk az evangéliumot. Azt mondja, ne lopj, ne kövess el házasságtörést, ezért nem tesszük ezeket a dolgokat.

Mivel azt mondta nekünk, hogy még a gonosz formáit is szüntessük meg, megszabadulunk az olyan hamis dolgoktól, mint a féltékenység, az irigység, a gyűlölet, a házasságtörés, a csalás, stb. És ha Isten Igéjéhez ragaszkodunk, akkor a szívünkben lévő bizonytalanságok eltűnnek. Csak az igazság marad. Ha a bűn keserű gyökereit kitépjük a szívünkből, akkor a bűn többé nem lephet meg bennünket a gondolatainkon keresztül. Ezért, bármit is látunk, a jóságunkból látjuk, és amit mondunk és cselekszünk, azt is a szívünkből származó jóságból tesszük.

A Példabeszédek 4:23 ezt tartalmazza: "Minden féltett dolognál jobban őrizd meg szívedet, mert abból indul ki minden élet." Az igazság, amely az élethez vezet, vagy az élet forrása, a szív védelméből származik. Annak érdekében, hogy megszerezzük az életet, meg kell tartanunk a becsületet, nevezetesen az igazságot a szívünkben, és ehhez kell ragaszkodnunk. Ezért olyan fontos, hogy megvédjük az elménket és a szívünket.

Azonban, mivel oly sok gonoszság van bennünk, nem tudjuk teljesen kiküszöbölni, csak a saját erőnkből. A saját erőfeszítéseinken túl, amelyeket a bűn ellen teszünk, a Szentlélek hatalmára is szükségünk van. Ezért kell imádkoznunk. Amikor buzgó imával imádkozunk, Isten kegyelme és hatalma megszáll minket, és eltelünk a Szentlélekkel. Ekkor tudjuk ezeket a bűnöket megszüntetni magunkban.

A Jakab 3:17 ezt tartalmazza: "A felülről való bölcsesség pedig először is tiszta." Ez azt jelenti, hogy amikor a bűnöktől megszabadulunk a szívünkben, és csak az igazságosságra koncentrálunk, akkor fentről bölcsességet kapunk. Bármennyire is nagy lehet a világi bölcsesség, soha nem lehet összehasonlítani a mennyei bölcsességgel. A földi bölcsesség az embertől jön, aki korlátolt, és nem tud előre látni még egy másodpercre se, hogy mi fog bekövetkezni. Azonban a mennyei bölcsesség a Mindenható Istentől származik. Így tudni fogjuk azt is, ami be fog következni a jövőben, és készülni tudunk rá.

A Lukács 2:40-ben azt olvassuk, Jogy Jézus "növekedett, és erős let, és a bölcsessége megnövekedett." Azt olvassuk, hogy amikor tizenkét éves volt, olyan bölcs volt, hogy még a rabbik is, akik ismerték a törvényt, csodálkoztak az Ő bölcsességén. Mivel Jézus elméje csak az igazságosságra figyelt, ezért megkapta a mennyei bölcsességet.

Azonban a fentről érkező bölcsességet a Mindenható Isten azért küldi, hogy tudjunk még arról is, ami történni fog a jövőben, és fel tudjunk készülni rá.

Az 1 Péter 2:22-23 ezt tartalmazza: "...Aki bűnt nem cselekedett, sem a szájában álnokság nem találtatott: Aki szidalmaztatván, viszont nem szidalmazott, szenvedvén nem fenyegetőzött; hanem hagyta az igazságosan ítélőre:" Through this verse, we can see Jesus' heart. Also in John 4:34, when the disciples brought food, Jesus said, E versen keresztül láthatjuk

Jézus szívét. A János 4: 34-ben, amikor a tanítványok ételt hoztak, Jézus azt mondta: "Az én eledelem az, hogy annak akaratját cselekedjem, aki elküldött engem, és az ő dolgát elvégezzem." Mivel Jézus szíve és elméje csak az igazságosságra összpontosított, minden cselekedete mindig egészséges volt.

Jézus nemcsak Isten munkájának elvégzésében volt hűséges, hanem "Isten teljes házában." Amikor a kereszten haldokolt, rábízta Szűz Máriát Jánosra, hogy vigyázzon rá. Jézus beteljesítette a földi hivatását emberként, miközben az evangéliumot prédikálta a mennyei királyságról, és gyógyította a betegeket Isten hatalmával. Végül beteljesítette a misszióját, amiért a földre jött azzal, hogy a keresztet magára vette, hogy megmentse az embereket a bűneiktől és gyengeségeiktől. Ezért az emberiség megváltójává, a Királyok királyává és az Urak urává vált.

Az igaz emberré válás módja

Mit kell tennünk Isten gyermekeként, hogy igazságos emberekké váljunk? Azt, hogy Isten törvényeit betartjuk a cselekedeteinkben. Mivel Jézus a legnagyobb mintává vált mindannyiunk számára az isteni törvények betartásával, ugyanezt kell tennünk: az Ő példáját kell követnünk.

Isten törvényének a gyakorlása azt jelenti, hogy betartjuk a parancsolatait, és bűntelenek vagyunk, az Ő szabályai szerint. A Tízparancsolat az első példája Isten parancsolatainak. A Parancsolatokra úgy gondolhatunk, mint Isten összes parancsolatára, ahogy a Biblia hatvanhat könyvében röviden le vannak írva. A Tízparancsolat mindenike mély spirituális jelentéssel bír. Amikor megértjük az igazi jelentését mindeniknek, és engedelmeskedünk nekik, akkor Isten becsületes, igazságos embernek hív minket.

Jézus azt mondta, hogy létezik a nagy és a legfontosabb parancsolat. Az, hogy szeressük Istent teljes szívünkkel és lelkünkkel. A második az, hogy úgy szeressük a szomszédunkat, mint magunkat (Máté 22:37-39).

Jézus betartotta és gyakorolta az összes parancsolatot, és soha nem veszekedett vagy kiabált. Állandóan imádkozott, korán reggel, vagy akár egész éjjel. Az összes szabályt betartotta. A "szabály" Isten szabályaira vonatkozik, amelyeket nekünk határozott meg, például a húsvét megtartása, vagy a tized megfizetése. Létezik egy leírás Jézusról, ahogy felment Jeruzsálembe, hogy megfigyelje a húsvétot, amint az összes többi zsidó is tette.

Azok a keresztények, akik lelki zsidók, továbbra is megtartják és betartják a zsidó rituálék lelki, spirituális jelentését. A keresztények körülmetélik a szívüket, ahogy a fizikai körülmetés történt az Ótestamentum idejében. A lélekben és igazságban történő istentisztelet az Istennek való áldozás Ótestamentumi megtartása. Amikor megtartjuk Isten törvényeit, és a gyakorlatba ültetjük őket, igaz életet nyerünk, és igazságossá válunk. Az Úr legyőzte a halált, és feltámadt, ezért, örök életet élvezhetünk azzal, hogy az igazságosokkal együtt feltámadunk.

Az igazak megáldása

A viszály, az ellenségeskedések és a betegségek azért jönnek, mert az emberek nem igazak. A törvénytelenség nem igazságos, és fájdalom és szenvedés származik belőle. Ez azért van, mert az emberek fogadják az ördög munkáját, aki a bűnök apja. Ha nem lenne törvénytelenség és igazságtalanság, nem lenne katasztrófa, szenvedés vagy nehézség, és a világ valóban gyönyörű hely lenne. Továbbá, ha igazságos emberré válsz Isten szemében, nagy áldásokat kapsz Tőle. Igazi kiemelkedő és áldott emberré válhatsz.

A Deuteronomé 28:1-6 részeletesen beszél erről: "Ha pedig szorgalmatosan hallgatsz az Úrnak, a te Istenednek szavára, és megtartod és teljesíted minden ő parancsolatát, amelyeket én parancsolok ma néked: akkor e földnek minden népénél feljebbvalóvá tesz téged az Úr, a te Istened; És reád szállanak mind ez áldások, és megteljesednek rajtad, ha hallgatsz az Úrnak, a te Istenednek szavára. Áldott leszesz a városban, és áldott leszesz a mezőben. Áldott lesz a te méhednek gyümölcse és a te földednek gyümölcse, és a te barmodnak gyümölcse, a te teheneidnek fajzása és a te juhaidnak ellése. Áldott lesz a te kosarad és a te sütő tekenőd. Áldott leszesz bejöttödben, és áldott leszesz kimentedben."

Továbbá, az Exodus 15:26-ben Isten megígérte, hogy ha betartjuk, amit Ő kér, semmilyen betegséget, például amilyeneket az egyiptomiakra küldött, nem küld ránk. Ha tehát Isten igazsága szerint cselekszünk, akkor egészségesek leszünk. Életünk minden területén boldogulhatunk, és örök örömet és áldásokat tapasztalhatunk.

Eddig megvizsgáltuk, hogy mi igazság Isten szemében. Ha Isten törvényeinek megfelelően cselekszel, folt nélkül, és igazságosan élsz Isten szemében, remélem, hogy megtapasztalod Isten szeretetét és áldásait, teljes mértékben!

Glossary

Hit, és az igazak

Kétfajta hit létezik: "lelki hit," és "húsbeli," "testi" hit. A "testi hit" csak akkor képes elhinni dolgokat, ha azok egybeesnek a tudásunkkal és gondolatainkkal. Ez a fajta hit a cselekvés nélküli hit. Ezért ez halott hit, amelyet Isten nem ismeri el. A "lelki hit" a hit minden olyan dologban, amely Isten Igéjéből származik, még akkor is, ha ez nem egyezik az ember tudásával vagy gondolataival. Az ilyen típusú hittel az ember Isten Igéje szerint cselekszik.

Ilyen fajta hite csak akkor lesz valakinek, ha Isten megadja neki. Mindenkinek eltérő a hite mértéke (Róma 12:3). A hit az első szinten öt kategóriába sorolható: a hit első szintjén az embernek megvan a hite, hogy megváltást nyerjen, a második szinten az Isten Igéje szerint próbál cselekedni, a harmadik szinten teljes mértékben az Ige szerint cselekszik, a negyedik szinten megszentelődik, mert megszabadult a bűneitől, és végtelenül szereti az Urat, és az ötödik szinten megvan a hite, hogy teljes örömöt nyújtson Istennek.

Az "igazlelkű" olyan emberekre utal, akik igazlelkűek.

Amikor elfogadjuk Jézus Krisztust, és megbocsáttatnak a bűneink az Ő drága vére révén, igazolást nyerünk. Ez azt jelenti, hogy a hitünk igazolást nyer. Amikor kiküszöböljük a szívünkből a gonoszságot vagy az igazságtalanságot, és arra törekszünk, hogy az igazságban cselekedjünk, az Isten Igéje szerint igazságos emberekké alakulhatunk, akiket Isten igazságosnak ismer el. Isten nagy örömmel fogadja az ilyen igaz embereket, és az összes imájukra válaszol (Jakab 5:16).

7. fejezet

Az igaz ember pedig hitből él

"Mert az Istennek igazsága jelentetik ki abban hitből hitbe, miképpen meg van írva: Az igaz ember pedig hitből él."
(Romans 1:17)

Ha valaki jót tesz egy árvával, özveggyel vagy szomszéddal, gyakran igazságos férfinak vagy nőnek nevezik nevezik mások. Amikor valaki úgy tűnik, hogy gyengéd és kedves, a törvényeket betartja, nem haragszik meg könnyen, nyugodt és türelmes, az emberek elismerően nyilatkoznak róla: "Neki nincs szüksége szabályokra." Tényleg azt jelenti, hogy ez a személy igaz?

Hosea 14:9 says, "Kicsoda a bölcs, hogy értse ezeket? Kicsoda az értelmes, hogy eszébe vegye ezeket?! Bizony igazak az Úrnak útai, és az igazak járnak azokon, az istenteleneknek pedig elesnek rajtok." Ez azt jelenti, hogy aki Isten törvényei szerint él, az az igaz ember.

A Lukács 1:5-6 ezt mondja: "Heródesnek, a Júdea királyának idejében vala egy Zakariás nevű pap az Abia rendjéből; az ő felesége pedig az Áron leányai közül való vala, és annak neve Erzsébet. És mind a ketten igazak valának az Isten előtt, kik az Úrnak minden parancsolataiban és rendeléseiben feddhetetlenül jártak." Ez azt jelenti, hogy valaki csak akkor igazságos, ha Isten törvényeit gyakorolja, nevezetesen, az Úr minden parancsolatát és törvényét betartja.

Valóban igazságos emberré válni

Nem számít, mennyire igyekszik valaki igazlelkűnek lenni, senki sem az, mert mindenkiben ott van az eredeti bűn, amelyet átadnak az ősei, és önmaga vétkei, az úgynevezett tényleges bűnök. A Rómaiak 3:10 szerint: "Nincsen csak egy igaz is." Az egyetlen ember, aki igaz volt és az ma is, Jézus Krisztus.

Jézus, akiben nem volt meg az eredeti bűn, sem az önmaga által elkövetett bűnök, kiontotta a vérét, és meghalt a kereszten, hogy a bűneink büntetését befizesse, és feltámadott a halottaiból, és a Megváltónkká vált. Attól a pillanattól, amikor hiszünk Jézus Krisztusban, aki az igazság, az élet és halál, innentől kezdve a bűneinket elmossák, és igazolást nyerünk. Azonban, csak mert a hitünk által igazolást nyertünk, nem jelenti azt, hogy kész vagyunk. Igen, amikor hiszünk Jézus Krisztusban, akkor megbocsájtják a bűneinket, és igazolást nyerünk, azonban a bűnös természet a szívünkben még mindig ott van.

Ezért a Róma 2 13 ban ezt olvassuk: "Mert nem azok igazak Isten előtt, akik a törvényt hallgatják, hanem azok fognak megigazulni, akik a törvényt betöltik." Azt jelenti, hogy bár hit által igazolást nyertünk, igazán igazságos és becsületes ember csak akkor lesz belőlünk, amikor a hamisság szívét átalakítjuk az igazság szívévé Isten Igéjének megfelelően.

Az Ótestamentum idejében, a Szentlélek eljövetele előtt, az emberek maguk által nem tudták teljesen levetkőzni a bűneiket. Tehát, hogyha nem bűnöztek a cselekedeteik által, nem tartották őket bűnösöknek. Ez a Törvény ideje volt, amikor az emberek megfizettek a "szemet szemért, fogat fogért" alapján. Azonban, amit Isten szeretne, az a szívünk körülmetélése, a hamisságtól, a szív bűnös természetétől való megszabadulás, és a szeretet és a kegyelem gyakorlása. Az Ótestamentumi időkkel ellentétben, az Újtestamentum emberei elfogadják a Jézus Krisztust, és megkapják a Szentlelket ajándékul. A Szentlélek segítségével hatalmat kapnak, hogy a bűnös természetet kiküszöböljék a szívükből. Az ember a saját erejéből nem tudja kiküszöbölni a bűnt, és nem tud igazságossá válni, ezért jött el a Szentlélek.

Ezért annak érdekében, hogy valóban igazságos emberré váljunk, szükségünk van a Szentlélek segítségére. Amikor az imában hangosan felkiáltunk Istennek azért, hogy igazságossá váljunk, Isten kegyelmet és erőt ad, és a Szentlélek segít nekünk. Ezért biztosan le tudjuk küzdeni a bűneinket, és a hamis természetet gyökerestől ki tudjuk tépni a szívünkből! Amint növekvő mértékben megszabadulunk a bűntől, szentté válunk, és a hit teljes mértékét elérjük a Szentlélek segítségével, Isten szeretetéből többet kapunk, és igazán becsületes emberré válunk.

Miért kell becsületessé válnunk?

Lehet, hogy ezt kérdezed: "Miért kell hogy becsületesen legyek? Nem hihetek Jézusban egy bizonyos pontig, és nem élhetek normális életet?" Azonban Isten azt mondja a Jelenések

3:15-16-ban: "Tudom a te dolgaidat, hogy te sem hideg nem vagy, sem hév; vajha hideg volnál, vagy hév. Így mivel lágymeleg vagy, sem hideg, sem hév, kivetlek téged az én számból." Istennek nem tetszik az "átlagos hit." A langyos hit veszélyes, mert nagyon nehéz megtartani hosszú időn át. Végül ez a hit kihűl. Olyan, mint a meleg víz. Hogyha egy kicsit kint hagyjuk, végül lehűl, és hideggé válik. Isten azt mondja, hogy kiköpi azokat az embereket, akiknek ilyen a hite. Azt jelenti, hogy az emberek, akiknek ilyen hitük van, nem üdvözülhetnek.

Miért kell igaznak lennünk? Ahogyan írva van a Rómaiak 6:23-ban: "A bűn fizetése halál,'" a bűnös ember az ellenséges ördöghöz tartozik, és a halál útján jár. Ezért a bűnösnek el kell fordulnia a bűntől, és igazlelkűnek kell lennie. Csak ebben az esetben szabadulhat meg az ördög által ráhozott nyomortól, megpróbáltatásoktól és betegségektől. Ahogy az ember éli az életét, nagyon valószínű, hogy mindenféle szomorú és nehéz helyzetet tapasztal meg, mint például a betegség, baleset és halál. Ha azonban valaki igazságos, akkor semmi köze nem lesz ezekhez a dolgokhoz.

Ezért, ügyelnünk kell Isten szavaira, és meg kell tartanunk az összes parancsolatát. Hogyha igazságban élünk, akkor megkaphatjuk az összes áldást, amelyet a Deutérium 28. fejezetében leírnak. Ahogy a lelkünk virágzik, minden más területen is virágozni fogunk, és egészségesek leszünk.

Azonban, addig, amíg igazságossá válunk, olyan emberré, aki képes fogadni ezeket az áldásokat, nehézségek fognak jönni. Például, annak érdekében, hogy egy olimpián aranyérmet nyerjenek, az atléták nagyon kemény tréningen mennek át. Kis lépésekkel Isten megengedni a gyermekeinek, hogy megpróbáltatások és tesztek érjék őket, azzal a céllal, hogy a hitük mértéke növekedjen, és a lelkük egyre virágzóbbá váljon.

Isten azt mondta Ábrahámnak, hogy hagyja el az apja házát. Ezt mondta neki: "járj én előttem," (Genezis 17:1). Arra tanította, hogy igazán becsületes ember legyen. Végül Ábrahám átment a az utolsó teszten, azaz az egyetlen fiának Izsáknak a feláldozásán Isten oltárán égőálfozatként. Ez után vége volt az erőpróbáknak. Ábrahám mindig áldott volt, és minden dolga jól ment.

Isten arra tanít minket, hogy a hitünkben növekedjünk, és igazságosak legyünk. Amikor az emberek átmennek a megpróbáltatásokon, Isten megáldja őket, hogy még nagyobb hitük legyen. Ebben a folyamatban az Úr szívét egyre jobban műveljük magunkban.

A dicsőség, amelyet a mennyországban kapunk, különböző lesz, attól függően, hogy mennyire szabadultunk meg a bűneinktől, és a szívünk mennyire hasonlít Krisztus szívére. Amint látjuk az 1 Korintusi 15:41-ben: "Más a napnak dicsősége és más a holdnak dicsősége és más a csillagok dicsősége; mert csillag a csillagtól különbözik dicsőségre nézve." A mennyei dicsőségünk attól függ, hogy mennyire voltunk igazak a földön.

Isten olyan gyermekeket akar, akiknek megvan a képesítése és a tulajdonsága, hogy az Ő gyerekei legyenek: azok, akiknek a szíve olyan, mint az Úr szíve. Ezek az emberek bemennek Új Jeruzsálemben, ahol Isten trónusa van, és ott egy olyan dicsőséges palotában laknak majd, amely ragyog, mint a nap.

Az igaz ember pedig hitből él

Hogyan kellene élnünk, hogy igazságossá váljunk? A hit szerint kell éljünk, ahogy látjuk a Róma 1:17-ben: "Az igaz ember pedig hitből él." A hitet két fő részre oszthatjuk: testi és lelki hit. A testi hit a logikán alapuló tudáson vagy hiten alapszik.

Amikor egy ember megszületik és felnevelkedik, a dolgok, amelyeket lát és megtanul a szüleitől, tanáraitól, a szomszédoktól vagy barátaitól, a memóriájában eltárolódnak, mint tudás. Hogyha egy személy csak akkor hisz, hogyha valami egybeesik azzal a tudással, amivel már rendelkezik, ez testi hit. Azok az emberek, akik ilyen hittel bírnak, azt hiszik: valamit csak valamiből lehet létrehozni. Azonban nem hiszik el, hogy a semmiből is lehet teremteni.

Például nem hiszik el, hogy Isten megteremtette a mennyet és a földet ezen a világon. Nem hiszik el azt az eseményt, amikor Jézus lecsendesítette a vihart, és azt mondta a tengernek: "Hallgass, némulj el!" (Márk 4:39). Isten kinyitotta egy szamár száját, és beszédre bírta. Mózes szétválasztotta a Vörös-tengert a botjával. Még Jerikó falait is lerombolta, miután az izraeliták egyszerűen átmentek körülötte, és kiabáltak. Ezek az események értelmetlenek az átlagos emberek tudása és gondolkodása szerint.

Hogyan lehet szétválasztani a tenger úgy, hogy valaki felemeli a botját? Isten aki számára semmi sem lehetetlen, mert megteszi ezt, és így megtörténik. Egy ember, aki azt vallja, hogy hisz Istenben, de nincs benne lelki hit, nem fogja elhinni, hogy ezek az események megtörténtek. Tehát egy olyan személynek, akinek testi hite van, nincs meg a hitte, ezért természetesen nem tud engedelmeskedni Isten Igéjének. Ezért nem kaphat választ az imáira, és nem kaphatja meg az üdvösséget. Ezért a hitét "halott hitnek" hívják.

Ezzel ellenkezőleg, a lelki hit - a hit abban, hogy valamit a semmiből teremtenek - az úgynevezett "élő hit." Az ilyen hittel rendelkezők lebontják a testükre vonatkozó gondolataikat, és nem próbálnak megérteni kizárólag a saját tudásuk és gondolatuk alapján egy eseményt vagy helyzetet. A lelki hitben élőknek mindent el kell fogadniuk, ahogy van a Bibliában, egyszerűen. A lelki hit az a hit, amely a lehetetlenben hisz. És mivel az üdvösségre vezet, ez az úgynevezett "élő hit." Ha igaz ember akarsz lenni, lelki hitednek kell lenni.

Hogyan lehet lelki hited

Annak érdekében, hogy lelki hitünk legyen, először meg kell szabadulnunk minden elménkben lévő gondolattól és elmélettől, amely elvonja a figyelmünket a spirituális hit megszerzésétől. Ahogyan a 2. Korinthus 10:5-ben írták, el kell pusztítanunk a spekulációkat, és minden gőgös dolgot, amelyet Isten tudása ellen emeltünk, és minden gondolatunkat a Krisztus iránti engedelmességre kell alakítanunk.

Az a tudás, elméletek, intellektus és értékek, amelyeket egy személy a születésétől tanul, nem mindig igazak. Csak Isten Igéje az abszolút és örök igazság. Ha továbbra is fenntartjuk, hogy a korlátozott emberi tudásunk és elméletünk igaz, akkor semmi módon nem fogadhatjuk el Isten Igéjét igazságként. Így nem leszünk képesek szellemi hitben élni. Ezért nagyon fontos számunkra, hogy lebontsuk ezt a fajta gondolkodást.

Továbbá azért, hogy lelki hitünk legyen, szorgalmasan figyelnünk kell az Isten Igéjére. A Róma 10:17-ben olvassuk, hogy a hit a hallásból származik, ezért, meg kell halljuk Isten Igéjét. Ha nem halljuk Isten szavát, nem fogjuk tudni, hogy mi az igazság - tehát a lelki hit nem jelenhet meg bennünk. Amikor halljuk Isten szavát, vagy más emberek bizonyságtételét az istentiszteleteken és a különböző egyházi gyűléseken, a hit csírája megnő bennünk, még akkor is, ha eleinte hit lenne, mint tudás.

Ahhoz, hogy ezt a tudásalapú hitet lelki hitté alakítsuk, gyakorolnunk kell Isten szavát. Amint a Jakab 2: 22-ben látjuk, a hit az ember munkájával dolgozik, és a munka eredményeként a hit tökéletes lesz.

Az a személy, aki szereti a baseballt, nem lehet nagyszerű baseball játékos csak azért, mert sok könyvet olvas a baseballról. Ha megszerezte a tudást, kemény edzésen kell átjutnia a megszerzett ismeretek alapján, hogy nagyszerű baseball játékos legyen. Ugyanúgy, függetlenül attól, hogy mennyit olvasod a Bibliát, ha a cselekedeteid nem követik azt, amit olvastál, a hited csak tudásalapú hit marad, és nem leszel képes lelki hitre. Amikor cselekedetekké váltod, amit hallottál, Isten lelki hitet ad neked – olyan hitet, amellyel valóban, a szíved középpontjából hihetsz.

Tehát, ha valaki igazán hiszi a szívéből az Isten szavát: "Mindenkor örüljetek. Szüntelen imádkozzatok. Mindenben hálákat adjatok; mert ez az Isten akarata a Krisztus Jézus által ti hozzátok." Hogyan cselekedne? Természetesen örül az örömteli körülményeknek. De akkor is örül, ha nehéz helyzetek merülnek fel. Örömmel fog mindent belerakni Isten kezébe. Nem számít, mennyire elfoglalt, időt szakít arra, hogy imádkozzon. És nem számít, milyen körülmények között van, mindig köszönetet mond, hisz az ő imáit meg fogják válaszolni, mert hisz a Mindenható Istenben.

Ily módon, amikor Isten szavainak engedelmeskedünk, Isten elégedett a hitünkkel, és elveszi a megpróbáltatásokat, válaszol az imáinkra, hogy valóban legyen okunk, hogy örüljünk és köszönetet mondjunk. Amikor szorgalmasan imádkozunk, a Szentlélek segítségével megszüntetjük a bizonytalanságokat, és Isten Igéjében cselekszünk, akkor tudásalapú hitünk olyan lesz, mint egy talapzat, amelyre Isten lelki hitet ad.

Ha van lelki hitünk, engedelmeskedünk Isten Igéjének. Amikor hittel megpróbálunk valamit megtenni, amit egyébként nem tudunk, Isten segít nekünk, hogy megtehessük. Ezért a pénzügyi áldások befogadása nagyon egyszerű kell legyen. Ahogyan a Malakiás 3:10-ben rögzítették, amikor teljes tizedet ajánlunk fel, Isten olyan sok áldást ad nekünk, hogy tele lesz a kamránk! Mivel hiszünk abban, hogy ha vetünk, aratunk is, harmic-, hatvan-, és százszorosan is. Így, hit által az igaz lelkek megkapják Isten szeretetét és áldásait.

A hitbeli élet módjai

Mindennapi életünk során találkozunk a "Vörös-tengerrel," amely előttünk áll, "Jerikó városával," amit le kell bontanunk, és a "Jordán folyóval," amely árad. Amikor ezek a problémák negjelennek előttünk, az igazságban való járás a hit általi életet jelenti. Például, ha testi hittel bírunk, és valaki megüt bennünket, akkor vissza akarunk támadni, és utáljuk a másik személyt. De ha lelki hitünk van, nem gyűlöljük a másik személyt, hanem szeretjük őt. Amikor ilyen fajta élő hitünk van - a hit, amellyel Isten Igéjét cselekvéssé váltjuk - az ellenséges ördög elmenekül tőlünk, és a problémáink megoldódnak.

Az igazlelkűek, akik hit által élnek, szeretni fogják Istent, engedelmeskednek Neki, és megtartják a Parancsolatait, és az igazság szerint cselekszenek. Néha az emberek azt kérdezik: "Hogyan tarthatjuk meg az összes parancsolatot?" A gyermekek tiszteletben tartják a szüleiket, a férj és felesége szeretik egymást, ugyanígy: Isten gyermekei számára az a helyes, ha megtartják Isten parancsát.

Azok a hívők, akik most kezdtek el templomba járni, nehézségbe ütközhetnek, amikor azt kérik tőlük, hogy a boltjukat zárják be vasárnap. Azt hallják, hogy Isten megáldja őket, hogyha szabadnak megtartják a vasárnapot, bezárják az üzletüket, de ezt nehezen hiszik el. Először néhányszor a vasárnap reggeli istentiszteletre mennek, és ugyanúgy kinyitják az üzletüket délután.

Másrészt, az érettebb hívők számára a profit nem gond. Az első céljuk az, hogy Isten Igéjének megfeleljenek, ezért beleegyeznek abba, hogy az üzletüket bezárják vasárnap. Isten megáldja a hitüket, és több nyereséget ad nekik, mint amikor vasárnap is nyitva van a boltjuk. Ahogy Isten megígérte, meg fogja védeni őket a veszteségtől, és megáldja őket jó mértékkel, megnyomottan és megrázottan, színig telten.

Ugyanez vonatkozik a bűnöktől való megszabadulásra is. A bűnök például olyanok, mint a féltékenység, a gyűlölet és a vágyakozás. Ezektől nehéz megszabadulni, de sikerülhet hogyha buzgón imádkozunk. A személyes tapasztalatomból azt látom, hogy azok a bűnök, amelyek imával nem kiküszöbölhetőek, böjtöléssel azok. Hogyha a három napos böjt nem működik, akkor öt, hét, vagy tíz napig kell böjtölni. Addig böjtöltem, amíg a bűntől meg tudtam szabadulni. Aztán azt láttam, hogy azért szabadulok meg a bűnöktől, hogy ne kelljen böjtölni!

Hogyha megszabadulunk a legnagyobb bűnöktől, a kisebbektől könnyű megszabadulni. Olyan, mint hogyha egy fát gyökerestől húznánk ki. Hgyha a fő gyökeret kihúzzuk, akkor a kis gyökerek mind vele jönnek.

Hogyha szeretjük Istent, nem nehéz a parancsolatainak a betartása. De hogy lehet, hogy valaki szereti Istent, de nem engedelmeskedik az Igéjének? Isten szeretete azt jelenti, hogy betartjuk az Igéjét. Hogy ha valóban szereted Őt, akkor az összes parancsolatát meg tudod tartan. Olyan gondjaid vannak, amelyek a Vörös-tenger szétválasztásához, vagy Jerikó nagy falainak a lebontásához hasonlíthatóak?

Hogyha van benned spirituális hit, akkor ezzel cselekszel, és az igazságban sétálsz. Isten az összes nehéz problémádat meg fogja oldani, és megszabadít a szenvedéstől. Minél igazságosabbá válunk, annál gyorsabban oldódnak meg a problémáink, és annál gyorsabban fogunk választ kapni az imánkra. Végül: azt remélem, hogy virágzó életet élsz, nem csak ezen a világon, hanem a mennyországban is, örök áldásokban, és hittel menetelsz, mint Isten igazságos embere!

Glossary Szójegyzék

Gondolatok, elméletek, és az elme keretrendszerei

A "gondolat" a lélek működésén keresztül felidézheti az agy memóriaeszközében tárolt tudást. Ezeket a gondolatokat két részre lehet csoportosítani: az Isten elleni testi gondolatok, és a szellemi vagy lelki gondolatok, amelyek Istennek tetszők. Az emlékezetünkben tárolt tudásból, ha az igazságot választjuk, akkor lelki gondolatunk lesz. Ellenkezőleg, ha azt választjuk, ami hamis, akkor testi gondolataink lesznek.

Az "elmélet" olyan logika, amelyet a megszerzett tudás, intellektus, vagy az oktatás során szerzett tudás alapján hozhatunk létre. Az elmélet függ az egyes emberek tapasztalatától, gondolataitól, vagy korától. Vitákat okoz, és sokszor ellentétes az Isten Igéjével.

A "keretrendszer" a mentális keretekből áll, amelyek alapján az egyén tudja, hogy igaza van. Ezek a keretek az ember önigazságának megerősödése során alakulnak ki. Emiatt néhány ember számára a saját személyisége is keretté válik, míg mások számára a tudás és elmélet lehet keret. Meg kell hallanunk Isten Igéjét, és meg kell értenünk az igazságot annak érdekében, hogy felfedezzük ezeket a keretek az elménkben, és megsemmisítsük őket.

8. fejezet

Krisztus engedelmességéhez

"Mert noha testben élünk, de nem test szerint vitézkedünk. Mert a mi vitézkedésünk fegyverei nem testiek, hanem erősek az Istennek, erősségek lerontására; Lerontván okoskodásokat és minden magaslatot, amely Isten ismerete ellen emeltetett, és foglyul ejtvén minden gondolatot, hogy engedelmeskedjék a Krisztusnak; És készen állván megbüntetni minden engedetlenséget, mihelyst teljessé lesz a ti engedelmességtek."
(2 Korintus 10:3-6)

Hogyha elfogadjuk Jézus Krisztust, és igazságos emberré válunk, akiben van lelki hit, akkor hihetetlen áldásokat kaphatunk Istentől. Nemcsak hogy dicsőséget adunk Istennek, mivel méltósággal végezzük az Ő munkáját, hanem bármit kérünk az imánkban, válaszolni fog nekünk, és bőséges életet élhetünk, minden szempontból.

Azonban vannak olyan emberek, akik azt vallják, hogy hisznek Istenben, de nem engedelmeskednek az Igéjének, ezért nem érhetik el az Ő igazságosságát. Azt vallják, hogy imádkoznak, és keményen dolgoznak az Úrért, de nem áldja meg őket, és állandóan megpróbáltatások, tesztek és betegségek közepén találják magukat. Ha valakiben van hit, akkor az Isten Igéje szerint él, és bőséges áldásokat kap Tőle. Vajon miért nem képesek a hívők megtenni ezt? Azért, mert kitartanak a testi gondolataik mellett.

Testi gondolatok, amelyek ellenségesek Istennel

A "testi" kifejezés a testre vonatkozik, amely a bűnös természetet tartalmazza. A bűnös természet az igaztalanság, ami a szívünkben van, ami még nem tárult fel külsőleg cselekedetként. Amikor ez a hamisság gondolatok formájában megjelenik, akkor ezeket "testi gondolatoknak" nevezzük. Hogyha testi gondolatunk van, nem tudunk teljesen engedelmeskedni az igazságnak. A Róma 8:7 ezt tartalmazza: "Mert a test gondolata ellenségeskedés Isten ellen; minthogy az Isten törvényének nem engedelmeskedik, mert nem is teheti."

Pontosabban melyek ezek a testi gondolatok? Kétféle gondolatról beszélünk. Az első: a lelki gondolatok, amelyek segítenek bennünket, hogy az igazságnak, azaz Isten törvényének megfelelően cselekedjünk. A másik pedig: a testi gondolatok, amelyek megakadályoznak bennünket abban, hogy Isten Igéje szerint cselekedjünk (Róma 8:6). Mivel választunk az igazság és a hamisság között, vagy lelki gondolataink, vagy testi gondolataink lehetnek.

Néha látunk olyan embereket, akik nem tetszenek nekünk. Egyrészt lehet, hogy olyan gondolataink vannak, hogy nem tetszik nekünk ez a személy, másrészt lehet, hogy olyan gondolatunk van, hogy megpróbáljuk szeretni őt. Hogyha azt látjuk, hogy a szomszédunknak valami nagyon szép tárgya van, lehet, hogy megfordul a fejünkben, hogy ellopjuk tőle, vagy a szomszédunk vagyontárgyát megkívánjuk. Azok a gondolatok, amelyek nem egyeznek Isten törvényével, amely azt mondja, hogy "Ne kívánd felebarátod vagyonát," vagy "Szeresd szomszédodat," lelki gondolatok. Azonban azok a gondolatok, amelyek a gyűlöletünket provokálják, és azt, hogy lopjunk, Isten törvényeivel ellenkeznek, és ezért testi gondolatok.

A testi gondolatok ellenségesek Istennel, ezért megakadályozzák a lelki fejlődésünket. Ha követjük a testi gondolatainkat, akkor eltávolodunk Istentől, a világi dolgokkal alkut kötünk, és végül megpróbáltatások és tesztek érnek utol minket. Sok mindent látunk, hallunk, és tanulunk ebből a világból. Sok ezek közül Isten akarata ellen való, és a hitbeli gyaloglásunkat megakadályozza. Rá kell jönnünk, hogy ezek a dolgok mind a testi gondolatokból származnak, amelyek ellenségesek Istennel. Amikor felfedezzük ezeket a gondolatokat, teljesen meg kell szabadulnunk tőlük. Függetlenül attól, hogy mennyire jónak tűnik számodra, hogyha nem felel meg Isten akaratának, akkor testi gondolat, és ezért Istennel ellenséges.

Nézzük meg Péter esetét. Amikor Jézus azt mondta a tanítványoknak, hogy el kell mennie Jeruzsálembe, hogy keresztre feszítsék, és harmadnap feltámadjon, Péter ezt mondta: "Mentsen Isten, Uram! Nem eshetik ez meg te véled." (Máté 16:22). De Jézus ezt mondta: "Távozz tőlem Sátán; bántásomra vagy nékem; mert nem gondolsz az Isten dolgaira, hanem az emberi dolgokra." (Máté 16:23).

Jézus jobbkezeként, tanítványaként Péter a tanára iránti szeretetből mondta ezt. Bármennyire is jó volt a szándéka, a szavai ellenkeztek Isten akaratával. Mivel Isten akarta volt, hogy felvegye a keresztet, és megnyissa az üdvösség ajtaját, Jézus megszabadult a Sátántól, aki megpróbálta Péter gondolatait eltéríteni. Végül, amikor megtapasztalta Jézus halálát és feltámadását, Péter rájött, hogy értéktelen és ellenséges, testi gondolatai voltak Isten felé, és teljesen megszüntette ezeket a gondolatokat.Ennek eredményeképpen Péter kulcsszereplővé vált Krisztus evangéliumának terjesztésében, és az első egyház felépítésében.

"Önhittség" – az alap testi gondolatok egyike

A testi gondolatok különböző típusai közül az "álszentség," "önhittség," a legfontosabb példa. Egyszerűen fogalmazva, az "önhittség" azt jelenti: állítjuk, hogy igazunk van. Miután egy személy megszületik, sok dolgot tanul a szüleitől és tanítóitól. A barátoktól, és a környezettől, amelynek ki van téve, különböző dolgokat tanul.

Függetlenül attól, hogy mennyire nagyszerűek az egyén szülei és tanárai, nem könnyű csak az igazságot megtanulni. Valószínűbb, hogy sok olyan dolgot megtanul, amely ellentétes Isten akaratával. Természetesen mindenki megpróbálja megtanítani neki, hogy ő mit hisz helyesnek. Azonban, amikor az igazságosság Isten általi normájára gondolunk, szinte minden igazságtalan. Nagyon kevés dolog igazságos. Ez azért van, mert senki sem jó, kivéve egyedül az Istent (Márk 10:18, Lukács 18:19).

Például Isten azt mondja nekünk, hogy fizessük vissza a gonoszt jósággal. Azt mondja, ha valaki arra kényszerít, hogy egy mérföldnyire menjünk vele, menjünk vele két mérföldet. Ha elveszik a kabátodat, add oda az ingedet is. Azt tanítja nekünk Isten, hogy az, aki szolgál, nagyszerűbb, és az, aki ad és áldozatot hoz, a végső, igazi győztes. De amit az emberek "igazlelkűségnek"

gondolnak, emberről emberre más. Azt tanítják nekünk, hogy vissza kell adnunk a rosszat gonoszsággal, és ellen kell állnunk a gonosznak, a keserű végig, amíg legyőztük.
Íme egy egyszerű példa. A gyermeked átmegy a barátjához, és sírva jön haza. Az arca olyan, mintha valaki az ujjaival megkarcolta volna. Ekkor a legtöbb szülő nagyon ideges lesz, és elkezdi kioktatni a gyermekét. Súlyos esetben a szülő ezt mondhatja: "Legközelebb ne csak ülj ott, add vissza!" A gyermeknek azt tanítják, hogy ha megverik őt, az a gyengeség vagy a veszteség jele.
Vannak olyan emberek is, akik betegségtől szenvednek. Függetlenül attól, hogy a gondviselőjük hogyan érezheti magát, ezt vagy azt követelik, hogy kényelmesebbé tegyék a saját életüket. A beteg szemszögéből, mivel úgy gondolja, hogy a fájdalma nagy, a cselekedeteit indokoltnak tekinti. Isten azonban azt tanítja nekünk, hogy ne keressük a magunk előnyét, hanem mások javát szolgáljuk. Így különbözik az ember gondolata és Isten gondolata. Az ember igazságosság szintje és Isten igazságosság szintje nagyon eltérő.

A Mózes 37:2-ben Józsefet látjuk, aki időről időre a fivérei rossz cselekedeteiről beszélt az apjának, mert meg volt győződve az igazáról. Az álláspontja szerint a testvérei cselekedetei törvénytelenek voltak, amit ő nem szeretett. Ha Józsefnek kicsit jobb lett volna a szíve, akkor Isten bölcsességét kereste volna, és jobb és békésebb megoldást talált volna a problémára anélkül, hogy megbántotta volna a testvéreit. A saját igazsága miatt azonban a testvérei gyűlölték, és saját kezűleg egyiptomi rabszolgaságba adták. Így tehát, ha megsértesz másokat, mert azt hiszed, hogy "igazságos" vagy, megtapasztalhatod ezt a fajta megpróbáltatást.

Azonban, mi történt Józseffel, miután megértette Isten igazságosságát, miután szembesült a próbákkal és nehézségekkel Általa? Megszüntette az önhittségét, és az egyiptomi miniszterelnök pozícióba emelkedett, felhatalmazást kapva arra, hogy sok ember fölött uralkodjon. Még egy nagy éhínségből is megmentette a családját, köztük a testvéreit is, akik rabszolgaságba adták őt. Arra is felhasználták őt, hogy alapot szolgáltasson Izrael nemzetének megalakításához

Pál apostol betörte a testi gondolatait

A Filippi 3:7-9-ben Pál ezt mondta: "De amelyek nékem egykor nyereségek valának, azokat a Krisztusért kárnak ítéltem. Sőt annakfelette most is kárnak ítélek mindent az én Uram, Jézus Krisztus ismeretének gazdagsága miatt: akiért mindent kárba veszni hagytam és szemétnek ítélek, hogy a Krisztust megnyerjem, És találtassam Ő benne, mint akinek nincsen saját igazságom a törvényből, hanem van igazságom a Krisztusban való hit által, Istentől való igazságom a hit alapján:"

Pál Tarsusban, Cilicia fővárosában született, és születéskor római állampolgár volt. Abban az időben Róma állampolgársága, amely uralkodott a világon, azt jelentette, hogy jelentős társadalmi hatalommal rendelkezett. Ezenkívül Pál ortodox farizeus volt, Benjamin törzséből (Apostolok 22:3), és Gamaliel, az akkori legjobb tudós irányítása alatt tanult.

A zsidók legelevenebbjeként, Pál a keresztények üldözésének élére állt. Valójában Damaszkusz felé tartott, hogy letartóztassa az ott tartózkodó keresztényeket, amikor találkozott Jézus Krisztussal. Az Úrral folytatott találkozás során Pál rájött, hogy téved, és meg volt győződve, hogy Jézus Krisztus valóban az igazi Megváltó. Ettől a pillanattól elutasította az oktatását, értékeit és társadalmi helyzetét, és követte az Urat.

Miután találkozott Jézus Krisztussal, miért gondolta Pál, hogy minden, ami által nyereséghez jutott, valójában veszteség volt? Rájött, hogy minden ismerete az embertől származott, aki egyszerű teremtmény, ezért nagyon korlátozott. Azt is megtudta, hogy az ember örök életet nyerhet, és örökkévaló boldogságot élvezhet a Mennyben azáltal, hogy hisz Istenben, és elfogadja Jézus Krisztust, és hogy a tudás, és mindenféle megértés kezdete valójában Isten.

Pál rájött, hogy a világi tudás csupán azért szükséges, hogy ezen a világon éljen, de a Jézus Krisztusról szóló tudás a tudomány legszebb formája, amely megoldja az ember alapvető problémáját. Rájött, hogy a Jézus Krisztus ismeretében korlátlan hatalom és erő, kincs, becsület és gazdagság van. Mivel ilyen szilárdan meg volt győződve erről a tényről, minden világi tudását és megértését veszteségként és szemétként látta. Ez azért volt, hogy Krisztust megtalálja, és saját magát megtalálja Benne.

Ha valaki szeszélyes és ezt gondolja: "Tudom," és önhitt, gondolván: "Mindig igazam van," soha nem fogja felfedezni a valódi énjét, és mindig azt gondolja, hogy ő a legjobb. Ez a fajta személy nem hallgat meg másokat alázatos szívvel. Ezért nem tud megtanulni semmit, és nem ért meg semmit. Pál azonban találkozott Jézus Krisztussal, minden idők legnagyobb tanítójával. Annak érdekében, hogy a tanítását magáévá tegye, elhagytatta az összes testi gondolatát, amelyet egykor teljesen helyénvalónak tartott. Az ok az volt, hogy Pálnak meg kellett szabadulnia a testi gondolataitól, hogy megszerezze Krisztus nemes tudását.

Ezért Pál apostol képes volt elérni az igazságosságot, amely

Istennek tetszett, ahogy bevallotta: "...mint akinek nincsen saját igazságom a törvényből, hanem van igazságom a Krisztusban való hit által, Istentől való igazságom a hit alapján." (Filippi 3:9).

Az igazság, amely Istentől származik

Mielőtt találkozott volna az Úrral, Pál apostol szigorúan megtartotta a Törvényt, és igaznak tartotta magát. Azonban, miután találkozott az Úrral, és megkapta a Szentlelket, felfedezte a valódi énjét, és ezt vallotta: "Igaz beszéd ez és teljes elfogadásra méltó, hogy Krisztus Jézus azért jött e világra, hogy megtartsa a bűnösöket, akik közül első vagyok én." (1 Timóteus 1:15). Rájött, hogy mind az eredeti bűnt, mind a saját, tényleges bűnöket elkövette, és hogy még teljesítenie kellett az igazi, lelki szeretetet. Ha kezdettől fogva igazlelkű lett volna, és az Istenhitben járt volna, akkor felismeri, ki volt Jézus, és szolgálta volna Őt. Azonban, nem ismerte fel a Megváltót, és inkább részt vett azok üldözésében, akik hittek Jézusban. Tehát valójában nem különbözött a farizeusoktól, akik Jézust a keresztre szegezték.

Az Ószövetségi időkben a visszafizetés a szemet szemért és fogat fogért elve alapján történt. A törvény szerint, ha valaki gyilkosságot vagy házasságtörést követett el, halálra kövezték. De a farizeusok nem értették meg Isten igazi szívét, ahogy a Törvényben foglalták. Miért teremtett a szeretet Istene ilyen szabályokat?

Az Ószövetségben a Szentlélek nem költözött az emberek szívébe. Nehezebb volt számukra, hogy irányítsák a cselekedeteiket, mint azoknak, akik megkapták a Szentlelket, a Segítőt az Újszövetség idejében. Így a bűn nagyon gyorsan terjedhetett, mert nem volt megtorlás, csak megbocsátás. Annak érdekében, hogy megakadályozzák az embereket a bűnök elkövetésében, és megakadályozzák a bűnök elterjedését, at életért élettel kellett fizetniük, szemet szemért, fogat fogért, lábat pedig lábért elve alapján. A gyilkosság és a házasságtörés komoly, gonosz bűnök, de pusztán a világi normák szerint. Az a személy, aki ilyen bűnöket követ el, nagyon kemény szívvel rendelkezik. Nagyon nehéz lenne egy ilyen személy számára, hogy visszatérjen erről az útról. Mivel nem kaphatja meg az üdvösséget, és egyébként is a Pokolba kerül, jobb lenne, ha megköveznék, és a büntetése figyelmeztetésként és leckeként szolgálna mások számára.

Ez is Isten szeretete, de Isten sohasem szándékozta, és nem akarta az ember számára, hogy jogi hitformája legyen, amely értelmében szemet szemért, és fogat fogért kell adnia. A Deuteronomé 10: 16-ban Isten azt mondta: "Metéljétek azért körül a ti szíveteket, és ne legyetek ezután keménynyakúak;" És a Jeremiás 4:4-ben ezt olvassuk: "Metéljétek magatokat körül az Úrnak, és távolítsátok el szívetek előbőreit, Júda férfiai és Jeruzsálem lakosai, hogy fel ne gyúladjon az én haragom, mint a tűz, és olthatatlanul ne égjen a ti cselekedeteitek gonoszsága miatt."

Láthatjuk, hogy még az Ószövetség idején sem volt azoknak a prófétáknak, akiket Isten elismert, jogszerű, paragrafusszerű hite. Ez azért van, mert amit Isten valóban akar, az a lelki szeretet és az együttérzés. Ahogyan Jézus Krisztus szeretetben teljesítette a törvényt, azok a próféták és pátriárkák, akik Isten szeretetét és áldásait élvezték, a szeretetet és a békét keresték.

Mózes esetében azt látjuk, hogy amikor Izráel fiai a halál szélén voltak, mert megbocsáthatatlan bűnt követtek el, közbenjárt a nevükben, és kérte Istent, hogy váltsa ki az üdvösségüket az övével. Pál azonban nem ilyen volt, mielőtt találkozott Jézus Krisztussal. Nem volt igazságos az Isten szemében. A saját szemében volt igazságos. Csak miután Krisztussal találkozott, vélte úgy, hogy amit korábban tudott, az hasztalan, és kezdte el terjeszteni Krisztus nemes tudását. A lelkek iránti szeretetéből kifolyólag Pál templomokat építtetett, bárhová ment, és az életét az evangéliumért áldozta. Értékes és méltó életet élt.

Saul engedetlen volt Istennel, testi gondolatokkal

Saul a legfontosabb példája egy olyan embernek, aki a testi gondolatai miatt szembeállította magát Istennel. A Sámuel próféta által felkent Saul volt Izrael első királya, aki negyven évig uralkodott a nemzeten. Mielőtt király lett volna, alázatos ember volt. Azonban, miután király lett, egyre büszkebb lett. Például amikor Izrael felkészült arra, hogy hadakozzon a filiszteusokkal, és Sámuel próféta nem jött el a kijelölt időben, és a nép elkezdett szétszóródni, annak ellenére, hogy csak a pap szokott áldozatot bemutatni az oltáron, Saul az áldozatot bemutatta saját maga, ezzel Isten akaratával szembemenve. És amikor Sámuel megszidta, hogy nem tisztelte a pap szent teendőit, a megbánás helyett Saul gyorsan kifogást emelt.

Amikor Isten azt mondta neki, hogy "teljesen pusztítsa el az amálekitákat," nem engedelmeskedett. Ehelyett elfogta a királyt. Még megmentette a választott állatállományt, és hazavitte őket. Mivel megengedte, hogy a testi gondolatai megjelenjenek, a saját gondolatait Isten szavai fölé helyezte. És mégis megkérte az embereit, hogy emeljék fel. Végül Isten elfordította az Arcát tőle, és gonosz szellemek kínozták. De még ezek között a körülmények között sem volt hajlandó elfordulni a gonosztól, és megpróbálta megölni Dávidot, akit Isten felkent. Isten sok lehetőséget adott Saulnak, hogy megtérjen, de nem tudta elhárítani a testi gondolatait, és megint engedetlen volt Istennel. Végül a halál útját választotta.

Az út Isten igazságosságának teljesítéséhez a hit által

Akkor hogyan dobhatunk ki olyan testi gondolatokat, amelyek ellenségesek az Istennel szemben, és hogyan válhatunk igazlelkűvé Isten előtt? El kell pusztítanunk minden olyan spekulációt és fennkölt dologot, amely felmerül az Istennel kapcsolatos tudásunk ellen, és minden gondolatunkat a Krisztus iránti engedelmességre kell használnunk (2 Korintus 10: 5).

A Krisztusnak történő engedelmeskedés nem jelenti azt, hogy béklyóban vagyunk, vagy szorongatott helyzetben. Az áldás és az örök élet útja. Azok, akik elfogadták Jézus Krisztust a Megváltójuknak, és tapasztalták Isten csodálatos szeretetét, engedelmeskedtek az Ő Igéjének, és arra törekedtek, hogy utánozzák a Szívét.

Tehát azért, hogy a Jézus Krisztusba vetett hit által elérjük Isten igazságosságát, el kell dobnunk magunktól a gonosz minden formáját (1 Tesszalonika 5:22), és törekednünk kell a jóság elérésére. Amilyen mértékben létezik hamisság a szívedben, annyira lesznek testi gondolataid, és fogadod a Sátán munkáját. Ezért Krisztusnak engedelmeskedni azt jelenti, hogy az igaztalanságoktól megszabadulunk, és az Isten Igéjének tudatában és cselekvésében élünk.

Ha Isten azt mondja nekünk, hogy "szenteljük magunkat az összejövetelnek," akkor anélkül, hogy a saját gondolatainkra támaszkodnánk, annak kell szentelnünk magunkat, hogy találkozzunk. Az istentiszteleteken meg kell értenünk Isten útját, és ennek megfelelően engedelmeskednünk kell. Az, hogy tudjuk Isten Igéjét, nem jelenti azt, hogy azonnal tudjuk alkalmazni a gyakorlatban. Imádkoznunk kell azért, hogy megkapjuk az erőt, hogy az Ige szerint cselekedjünk. Amikor imádkozunk, eltelünk a Szentlélekkel, és megszüntethetjük a testi gondolatokat. De ha nem imádkozunk, a testi gondolataink elragadnak bennünket, és tévútra vezetnek minket.

Ezért imádkoznunk kell, miközben szorgalmasan, Isten Igéje szerint élünk. Mielőtt találkoztunk volna Jézus Krisztussal, lehet, hogy a hús kívánságait követtük, mondván: "pihenjünk, élvezzünk, együnk, igyunk, és legyünk vidámak." Azonban, miután találkoztunk Jézus Krisztussal, meditálnunk kell arról, hogyan teljesíthetjük a Királyságát és igazságát, és keményen kell dolgoznunk azért, hogy hitünket cselekvéssé alakítsuk. Fel kell fedeznünk, és ki kell küszöbölnünk az olyan gonoszságokat, mint a gyűlölet és a féltékenység, amelyek ellentétesek az Isten Igéjével. Úgy kell tennünk, ahogy Jézus tette: szeretnünk kell az ellenségeinket, és le kell ereszkednünk másokhoz, miközben szolgáljuk őket. Ez azt jelenti, hogy elérjük Isten igazságosságát.

Remélem, hogy elpusztítod a spekulációkat és a magasztos dolgokat, amelyek Isten ismerete ellen valók, és minden gondolatodat a Krisztus iránti engedelmességre használod, ahogyan Pál apostol tett, hogy bölcsességet és megértést kapj Istentől, és olyan igazlelkű emberré válj, aki mindenkinél boldogabb.

Glossary

A hit, az engedelmesség, és a tettek igazságossága

A hit igazságossága a pozitív eredményt a hit szemével látja, ahelyett, hogy reálisan látná a valóságot, mert az Isten Igéjében bízik. Nem a saját gondolataira és képességeire támaszkodik, hanem egyedül Isten Igéjére.

Az engedelmesség igazságossága nem csak engedelmeskedik egy parancsnak, amelyet saját erejével végrehajthat. Azt jelenti, hogy az igazság határán belül még egy olyan parancsolatnak is engedelmeskedünk, amelyről azt gondoljuk, hogy nem lehet megvalósítani. Ha valakiben megvan a hit igazságossága, akkor teljesítheti az engedelmesség igazságosságát is. Az a személy, aki teljesítette az engedelmesség igazságosságát a hite igazságán keresztül, hitben engedelmeskedhet, még olyan körülmények között is, amelyek reálisan lehetetlenek.

A tettek igazságossága az a képesség, hogy Isten akaratának megfelelően cselekedjünk anélkül, hogy bármi mentséget keresnénk, ha úgy tűnik, ez Isten akarata. A tettek igazságosságának képessége minden személynél változik, az edénye és a szíve jellegétől függően. Minél jobban figyelmen kívül hagyja valaki a saját javát, és mások javára törekszik, annál jobban teljesítheti ezt a fajta igazlelkűséget.

9. fejezet

Ő, akit az Úr ajánl

*"Mert nem az a kipróbált, aki magát
ajánlja, hanem akit az Úr ajánl."*
(2 Korintus 10:18)

Függetlenül attól, hogy milyen területen dolgozunk, ha kitűnünk benne, dicsérhetnek bennünket. Különbség van abban, ha akárki, vagy egy olyan szakértő dicsér meg, aki elismert ezen a területen, ahol dolgozunk. Szóval, ha az Urunk, a Királyok Királya, az Urak Ura elismer minket, akkor ez az öröm nem hasonlítható semmihez a világon!

Ő, akit az Úr ajánl

Isten megdicséri azokat az embereket, akiknek a szíve igaz, és akik Krisztus illatát viselik. A Bibliaban nincs túl sok olyan eset, amikor Jézus dicsér valakit. De amikor megteszi, nem egyenesen, hanem közvetetten, a következőképpen teszi: "Jó dolgot tettél." "Emlékezz erre." "Terjeszd ezt."

A Lukács 21. fejezetében, látunk egy szegény özvegyet, aki két kis rézérmét kínál fel. Jézus megdicsérte őt, amiért mindenét felajánlotta, mondván: "És monda: Igazán mondom néktek, hogy e szegény özvegy mindenkinél többet vete: Mert mind ezek az ő fölöslegükből vetettek Istennek az ajándékokhoz: ez pedig az ő szegénységéből minden vagyonát, amije volt, oda veté." (3-4. vers).

A Márk 14. fejezetében találkozhatunk azzal a jelenettel, amelyben egy nő drága parfümöt önt Jézus fejére. Az emberek közül néhányan, akik ott voltak, megfeddték őt, mondván: "Mert el lehetett volna azt adni háromszáz pénznél is többért, és odaadni a szegényeknek." (5. vers).

Erre Jézus ezt mondta: "Hagyjatok békét néki; miért bántjátok őt? jó dolgot cselekedett én velem. Mert a szegények mindenkor veletek lesznek, és amikor csak akarjátok, jót tehettek velök; de én nem leszek mindenkor veletek. Ő ami tőle telt, azt tevé: előre megkente az én testemet a temetésre. Bizony mondom néktek: Valahol csak prédikálják ezt az evangyéliomot az egész világon, amit ez az asszony cselekedett, azt is hirdetni fogják az ő emlékezetére." (6-9. vers).

Ha azt szeretnéd, hogy az Úr ilyen módon kedveljen, akkor először azt kell cselekedned, amit tenned kell. Tehát, tanulmányozzunk részletesebben azokat a dolgokat, amelyeket Isten emberének kellene tenniük.

Isten elismeréséért

1) Szorgalmasan építsd az oltárt Isten előtt

A Geneis 12:7-8 ezt tartalmazza: "És megjelenék az Úr Ábrámnak, és monda néki: A te magodnak adom ezt a földet. És Ábrám oltárt építe ott az Úrnak; aki megjelent vala néki. Onnan azután a hegység felé méne Bétheltől keletre és felüté sátorát: Béthel vala nyugatra, Hái pedig keletre, és ott oltárt építe az Úrnak, és segítségűl hívá az Úr nevét."

Továbbá, a Genezis 13:4-ben és a 13:18-ban is azt olvassuk, hogy Ábrahám oltárt épített Isten előtt.

A Genesis 28. fejezetében azt látjuk, hogyan épített Jakab oltárt Isten előtt. Miközben menekült a testvérétől, aki meg akarta ölni, Jakab eljutott egy olyan helyre, ahol a fejét egy sziklára helyezte, és elaludt. Álmában látott egy létrát, mely a mennybe vezetett, és látta, ahogy Isten angyalai fel- és lejártak rajta, és hallotta Isten hangját. Amikor másnap reggel felébredt, Jakab vette a sziklát, amelyet párnaként használt, felemelte, mint egy oszlopot, olajat töltött rá, és dicsérte Istent.

A mai értelemben az oltár építése Isten előtt egyenértékű a templomba járással, és az istentiszteletek látogatásával. Azt jelenti, hogy valódi felajánlásokat teszünk, teljes szívünkkel, köszönetet mondunk, Isten Igéjét hallgatjuk, és a szívünk táplálékaként magunkhoz vesszük. Azt jelenti: meghallgattuk az Igét, és cselekedetekre váltottuk. Ahogy szellemben és igazságban imádkozunk, és ahogy gyakoroljuk az Igét, Isten örül nekünk, és az áldások életére vezet bennünket.

2) Küld fel az imákat, amelyeket Isten szeretne hallani

Az ima lelki légzés. Azt jelenti: Istennel kommunikálunk. Az imádság fontosságát a Bibliában sok helyen hangsúlyozzák. Még ha nem is mondunk el minden apró részletet, Ő már mindent tud rólunk. Mivel szeretne velünk kommunikálni, és megosztani velünk a szeretetét, Isten ezt az ígéretet tette a Máté 7: 7-ben: "Kérjetek, és adatik néktek."

Annak érdekében, hogy a lelkünk boldoguljon, és a Mennybe jusson, imádkoznunk kell. Csak ha Isten kegyelmével és erejével, és a Szentlélek teljességével töltjük ki magunkat, szüntethetjük meg a testi gondolatokat, amelyek ellentétesek az igazsággal, és tölthetjük ki magunkat Isten Igéjével, az igazsággal. Továbbá imádkoznunk kell azért, hogy az igazság és a szellem emberévé váljunk. Ha imádkozunk, minden dologban boldogulni fogunk, és jó egészségben leszünk, közben a lelkünk is boldogul.

Azok az emberek, akiket Isten szeretett és elismert, olyan emberek voltak, akik imádkoztak. Az 1 Sámuel 12:23 szerint: "Sőt tőlem is távol legyen, hogy az Úr ellen vétkezzem és felhagyjak az érettetek való könyörgéssel." Annak érdekében, hogy valami olyant kapjunk Istentől, ami nem lehetséges az ember erejével, kommunikálni kell Istennel. Dániel, Péter és Pál apostol, mind imádkoztak. Jézus korán reggel, és néha egész éjjel imádkozott. Nagyon híres a történet arról, hogy addig imádkozott, amíg az izzadsága olyan lett, mint a Gethsemane-i vércseppek.

3) Higgyünk, hogy válaszokat kapjunk

A Máté a 8. fejezetében egy százados Jézushoz ment. Abban az időben Izrael Róma elfoglalása alatt állt. A római hadsereg centúrióa egyenértékű egy magasabb rangú katonatiszttel. A százados megkérte Jézust, hogy gyógyítsa meg a szolgáját, aki megbénult. Jézus látta a százados szeretetét és hitét, ezért elhatározta, hogy meggyógyítja a szolgát.

A százados azonban ezt a hitvallomást tette: "Uram, nem vagyok méltó, hogy az én hajlékomba jőjj; hanem csak szólj egy szót, és meggyógyul az én szolgám. Mert én is hatalmasság alá vetett ember vagyok, és vannak alattam vitézek; és mondom egyiknek: Eredj el, és elmegy; és a másiknak: Jöszte, és eljő; és az én szolgámnak: Tedd ezt, és megteszi." (Máté 8:8-9).

Látva a százados hitét és alázatosságát, Jézus azt mondta: "Bizony mondom néktek, még az Izráelben sem találtam ilyen nagy hitet." (10.v.). Sokan vágynak erre a fajta hitre, de nem kaphatjuk meg könnyedén, a saját akaratunkból. Amennyi jóság van a szívünkben, és amennyire cselekedetbe ültetjük Isten Igéjét, annyira adja meg Isten nekünk ezt a hitet. Mivel a századosnak jó szíve volt, elhitte, amit látott és hallott Jézusról. Így Isten megajándékozza mindazokat, akik hisznek, és hitüket cselekvésbe ültetik, és a hitük szerint dolgozik.

4) Isten előtt alázatos szívvel bírj

A Márk 7. fejezetében egy szirofőniciai nő jött Jézushoz alázatos szívvel, aki arra vágyott, hogy gyógyítsa meg a démon által megszállott lányát. Amikor az asszony előállt a kérésével, Jézus így válaszolt: "Engedd, hogy először a fiak elégíttessenek meg. Mert nem jó a fiak kenyerét elvenni, és az ebeknek vetni." (27. v.). A nő nem haragudott meg, és nem érezte magát sértve, még ha kutyához hasonlították is.

Mivel nagy volt a vágya, hogy választ kapjon, bármi áron, és mivel hitt Jézusban, aki maga volt az Igazság, alázatosan leereszkedett, és így kiáltott: "Úgy van Uram; de hiszen az ebek is esznek az asztal alatt a gyermekek morzsalékaiból." (28. vers). Jézust a nő hite és alázata meghatotta, és így válaszolt neki a kérésére: "Eredj el; az ördög kiment a te leányodból." (29. vers). Ilyan alázatosságra van szükségünk Isten előtt, amint keresünk és imádkozunk.

5) Hittel vessetek

A hittel való vetés szintén az igazságosság része, amelyet Isten dicsér. Ha gazdaggá akarsz válni, a vetés és az aratás törvénye szerint vess. Ez leginkább akkor alkalmazható, amikor a tizedet kell befizetni, és a hálaadás felajánlásait kell megtenni. Ha megnézzük a természet törvényeit, láthatjuk, hogy azt aratsz, amit vetsz. Ha búzát vetsz, akkor búzát aratsz, és ha babot vetsz, akkor azt gyűjtesz be. Ha keveset vetsz, keveset aratsz, és ha sokat vetsz, sokat aratsz. Ha termékeny talajra vetettél, akkor jó termést aratsz, és minél jobban metszel és dolgozol, annál job választékú termést kapsz.

Az Istennek felkínált ajándékot az elveszett lelkek megmentésére, az egyházak építésére, és a missziók támogatására, valamint a rászorulók megsegítésére használják. Az Isten iránti szeretetünket az áldozatokon keresztül fejezhetjük ki. Az ajánlatokat Isten királyságának és igazságosságának beteljesítésére használják, így Isten ezeket az ajánlatokat örömmel fogadja, és megáld minket, harminc, hatvan, vagy százszorosan. Mit hiányol a Teremtő Isten, hogy azt mondja nekünk, hogy áldozzunk Neki? Azt a lehetőséget nyújtja nekünk, hogy learassuk azt, amit elvetettünk, és megkapjuk az áldásait!

Amint írva van a 2 Korintusi 9:6-7-ben: "Azt mondom pedig: Aki szűken vet, szűken is arat; és aki bőven vet, bőven is arat. Kiki amint eltökélte szívében, nem szomorúságból, vagy kénytelenségből; mert a jókedvű adakozót szereti az Isten."

6) Bízzatok, és támaszkodjatok Istenre mindenkor

Dávid mindig Istent kérdezte, ezért Isten vezette az útját, és segített neki elkerülni a különböző nehézségeket. Dávid ezt kérdezte Istentől: "Megtegyem-e ezt, vagy megtegyem-e azt?" Szinte mindent megkérdezett, és az Úr irányítása szerint járt el (Ref: 1. Sámuel 23. fejezet). Ezért tudott megnyerni annyi csatát. Ezért szereti Isten jobban azokat a gyermekeit, akik mindig bíznak Benne, és irányítást kérnek Tőle. Azonban, ha Istent "Atyának" nevezzük, mégis jobban bízunk a világban vagy a saját tudásunkban, mint Istenben, akkor Isten nem tud segíteni nekünk.

Minél jobban magunkévá tesszük az igazságot, annál jobban tudunk kérdezni Istentől, és annál többet bíz ránk az Úr. Bármit is csináljunk, el kell sajátítanunk a bölcsességet, amely alapján először és mindenekelőtt Istent keressük, és aztán várjuk, hogy megkapjuk a válaszát és az útmutatását.

7) Engedelemskedj Isten igéjének

Mivel Isten megparancsolta nekünk: "Tartsd meg szentnek a vasárnapot," menjünk a gyülekezetbe, imádjunk, legyünk közösségben a hívőkkel, és szent módon töltsük el a napot. Mivel Isten megparancsolta nekünk: "Örüljetek mindig, és adjatok hálát mindenben," örvendezzünk, és legyünk hálásak, függetlenül attól, hogy milyen körülmények vannak az életünkben. Azok, akik ilyen módon tartják meg a parancsolatokat a szívükben és engedelmeskednek, megkapják az áldást, hogy mindig Isten jelenlétében éljenek.

Az engedelmesség révén Péter, Jézus tanítványa rendkívüli

eseményt tapasztalt meg. Annak érdekében, hogy megfizesse a templomi adókat, Jézus ezt mondta Péternek: "menj a tengerre, vesd be a horgot, és vond ki az első halat, amely rá akad: és felnyitván a száját, egy státert találsz benne: azt kivévén, add oda nékik én érettem és te éretted." (Máté 17:27). Ha Péter nem akarta volna elhinni Jézus szavát, és nem ment volna a tengerre, hogy halat fogjon, nem élte volna meg ezt a csodálatos eseményt. De Péter engedelmeskedett, és a horgot bedobta a tengerbe, ezért meg tudta tapasztalni Isten félelmetes erejét.

A Bibliában rögzített összes hitmunka nagyjából ugyanígy történt. Amikor Isten dolgozik, minden ember hitének mértéke szerint teszi. Nem fog nyomni senkit, aki kis mértékű hittel bír, hogy haladja meg a képességeit. Először megadja neki a lehetőséget, hogy megtapasztalja a Hatalmát, úgy, hogy egy kis dologban engedelmeskedik, ezzel több lelki bizalmat adva neki. Így, a következő alkalommal képes lesz egy nagyobb dologban engedelmeskedni Neki.

Szúrd át a szenvedélyeidet és vágyaidat a kereszten

Eddig azokat a dolgokat tanulmányoztuk, amelyeket meg kell tennünk annak érdekében, hogy elismertté, megdicsérhetővé váljunk, és Isten előtt igaznak legyünk elismerve. Amikor keresztre feszítjük, átszúrjuk a testi szenvedélyeinket és vágyainkat, Isten igazságosságnak és dicséretesnek tekinti ezt. Miért tekinti ezzel szemben, a szenvedélyeket és vágyakat bűnöknek? A Galaták 5:24 ezt írja "Akik pedig Krisztuséi, a testet megfeszítették indulataival és kívánságaival együtt." Azt mondja nekünk, hogy bátran vágjuk el ezeket a dolgokat magunkban.

A "szenvedély" a szív odaadása és a szív befogadása. Az a közelség, amit valakivel érzel, ahogy ismerkedsz és kapcsolatba lépsz vele. Ez nem csak férfire és nőre, hanem családtagokra, barátokra és szomszédokra is igaz. De ezeknek a "szenvedélyeknek" köszönhetően könnyen elfogulttá és szűk gondolkodásúvá válhatunk. Például, a legtöbb ember nem olyan megbocsátó, amikor egy szomszédja egy kis hibát követ el, de amikor a gyermekei ugyanazt a hibát követik el, sokkal jobban megbocsát nekik, és megérti őket. Ezek a testi szenvedélyek nem segítenek egy nemzetnek, egy családnak vagy egy személynek, hogy szilárdan álljon az igazságosságban.

A "vágyak" ugyanígy működnek. Még Dávid is, akit Isten szeretett, végül elkövette a bűnt, mert megölte Batseba ártatlan férjét, hogy eltitkolja, hogy házasságtörést követett el vele. Ily módon láthatjuk: a testi szenvedélyek és vágyak szülik a bűnöket, és a bűn halálhoz vezet. Amikor a bűnt elkövetik, a bűnös biztosan megkapja a megtorlást.

A Józsué 7. fejezetében olvashatunk egy tragikus eseményről, amely egy férfi testi vágyának eredménye volt. Az Egyiptomból való kivonulás után, a Kanaán földjének meghódítása során az izraeliták átmentek a Jordán folyón, és nagy győzelmet arattak Jerikó városa fölött. Ez után, az Ali város ellen folytatott csatában azonban legyőzték őket. Amikor az izraeliták megnézték a vereség okát, felfedezték, hogy egy férfi, akit Akánnak hívtak, megkívánta az arany és ezüst egy részét a Jerikó várostól lefoglalt dolgok közül, és elrejtette a köpenye alá. Isten utasította az izraelitákat, hogy ne vegyenek el semmit, amit Jerikóban találnak, a személyes hasznuk miatt, de Akán nem engedelmeskedett.

Akán bűne miatt sok izraelita embernek kellett szenvednie.

Végül, Akánt és a gyermekeit mind halálra kövezték. Csakúgy, ahogy egy kis mennyiségű kovász megnöveszti az egész kenyeret, egyetlen ember, Akán, az egész izraeli gyülekezetet kudarcra ítélte. Ezért ítélkezett fölötte Isten ilyen szigorúan. Az első gondolatunk ez lehet: "Hogyan ölhet meg Istent valakit, aki egyetlen köpenyt, aranyat és ezüstöt lopott el?" Azonban, van egy jogos oka annak, ami történt.

Ha egy gazdálkodó, miután végzett a vetéssel, gyomnövényeket lát a földön, és azt gondolja: "Ó, ez csak egy vagy kettő ...," majd otthagyja őket, a gyomnövények megnövekednek, és elterjednek. A gazdálkodó nem tud jó termést betakarítani. A szenvedélyek és a vágyak olyanok, mint a gyomok, ezért akadályokká válnak a Mennyország felé vezető úton, és az Istentől kapott válaszok útján. Fájdalmas és hiábavaló zavarok, amelyek nem szolgálják a jó célt. Ezért mondja Isten, hogy "szögezzük ezeket a dolgokat a keresztre."

Másrészről Asa, Júda déli királyságának harmadik királya, szigorúan megszüntette a szenvedélyeit és vágyait, ezáltal tetszett Istennek (1 Királyok 15. fejezete). Őséhez, Dávidhoz hasonlóan Asa megtette az Isten szemében helyes dolgot, és megszabadította királyságát minden bálványától. Amikor anyja, Maacah, megalkotta Asherah képét, olyan messzire ment a büntetéssel, hogy anyját eltávolította az anyakirálynő pozícióból. Ezután levágta a képet, és megégette a Kidron pataknál.

Talán azt hiszed, Asa túlzottan cselekedett abban, hogy anyját eltávolította anyakirálynőként, csak azért, mert bálványt imádott, és azt gondolhatod, hogy Asa nem jó fia volt anyjának. Azonban Asa azért reagált így, mert többször kérte az anyját, hogy hagyja abba a bálványok imádatát. De nem hallgatta meg őt. Ha spirituális szemmel nézzük a helyzetet, tekintetbe véve Maacah helyzetét, a bálványimádata olyan volt, mintha az egész nemzet imádta volna a bálványt. Ez végső soron Isten haragját hozhatja az egész nemzetre. Ezért dicsérte Isten Asa cselekedetét, amellyel megszüntette anyja testi szenvedélyét. Elismerte, hogy igazságos volt, mert megakadályozta, hogy sok ember vétkezzen Isten ellen.

Ez nem jelenti azt, hogy Asa megtagadta az anyját. Egyszerűen eltávolította őt anyakirálynőként. Fiaként továbbra is szerette, tisztelte és szolgálta őt. Ugyanígy, ha valakinek olyan szülei vannak, akik hamis isteneket vagy bálványokat imádnak, mindent meg kell tennie, amit egy fiú megtehet, hogy megérinthesse a szívüket. Időről időre, kérve Istentől a bölcsességet, meg kell hogy ossza velük az evangéliumot, és kell hogy bátorítsa őket, hogy megszabaduljanak a bálványaiktól. Ekkor Isten örülni fog.

A pátriárkák, akik Isten előtt igazak voltak

Isten a teljes engedelmességnek örvend. Azoknak mutatja meg a Hatalmát, akik teljes engedelmességben cselekszenek. Az engedelmesség, amelyet Isten elismer az, amely akkor is engedelmeskedik, ha lehetetlennek tűnik. A 2. Királyok 5. fejezetében látjuk Arám király seregének hadvezérét, Námánt.

Námán tábornok elment a szomszédos országba, hogy meglátogassa Elizeus prófétát abban a reményben, hogy meggyógyul a leprából. Számos ajándékot vitt magával, még a király levelét is! Amikor azonban odaért, Elizeus még csak nem is üdvözölte. Ehelyett Elizeus küldött egy küldöncöt, aki elmondta neki, hogy hétszer meg kell mosnia magát a Jordán folyóban. Nagyon sértettnek érezve magát, Námán készen állt, hogy megforduljon, és hazamenjen. Ám a szolgái meggyőzték, a büszkeségét félretette, és engedelmeskedett. Hétszer megmosta a testét a Jordán folyóban. Arám emberének, aki a király után második volt, rendkívül nehéznek kellett lennie, hogy lenyelje a büszkeségét, és így engedelmeskedjen, miután úgy bántak vele, ahogyan Elizus tette.

Elizeus azért tette, amit tett, mert tudta, hogy Isten meggyógyítja Námánt, miután megmutatja hitét az engedelmességen keresztül. Isten, aki elégedett az engedelmességünkkel, szemben az áldozatainkkal, örömet érzett Naámán hitcselekedetében, és teljesen meggyógyította a leprából. Isten az engedelmességet értékesnek tartja, és nagy örömmel veszi azokat az embereket, akik igazlelkűek.

Isten nagy örömet érez azon emberek hite miatt, akik nem keresik a saját hasznukat, és akik nem veszélyeztetik a világot. A Genesis 23. fejezetében, amikor Ábrahám el akarta temetni Sárát a Machpelah barlangban, a tulajdonos megpróbálta ingyen odaadni Ábrahámnak a földet. Ám Abrahám nem fogadta el. Ábrahámnak nem volt olyan szíve, amely a saját hasznát kereste. Ezért akarta kifizetni a pontos árat a földért, mielőtt birtokba vette volna.

Amikor Sodomát háborúban legyőzték, és Lótot elfogták, Ábrahám nemcsak az unokaöccsét mentette meg, hanem másokat is Sodomából, és visszavitte a vagyontárgyaikat is. Amikor Sodoma királya megpróbálta visszafizetni őt, elismerése jeléül azért, amit tett, Ábrahám visszautasította. Nem fogadott el semmit. Mivel a szíve igaz volt, nem volt mohósága, vagy vágya arra, hogy bármit is elvegyen, ami nem az övé.

A Dániel 6. fejezetében látjuk, hogy Dániel nagyon jól tudta, hogy ha Istenhez imádkozik, megölik azok, akik összeesküdtek ellene. Mindazonáltal, megtartotta az igazságát Isten előtt, és nem hagyta abba az imát. Még egy pillanatra sem kötött kompromisszumot a saját életének megmentése érdekében. A cselekedete miatt az oroszlán barlangjába dobták. De sértetlen maradt, mert teljesen védett volt. Bizonyságot tett az élő Istennek, és dicsőítette Őt.

Annak ellenére, hogy tévesen vádolták, és ok nélkül börtönbe tették, József nem panaszkodott, és nem haragudott senkire (Genezis 39. fejezete). Tiszta maradt, nem kötött kompromisszumot az igazságtalansággal, csak az igazság útját követte. Az Isten által elrendelt időben és módon kiszabadították a börtönből, és az egyiptomi miniszterelnök tisztjére emelkedett.

Tehát Istent szolgálnunk kell, és igazságossá kell válnunk Előtte az által, hogy azt tesszük, amit tőlünk kér. A Kedvére kell tennünk azzal, hogy olyan dolgokat cselekszünk, amiket az Úr kér tőlünk. Ha ezt tesszük, Isten felemel bennünket, válaszol a szívünk vágyaira, és boldog életre vezet minket.

Glossary

Az „Abrám" és „Ábrahám" közötti különbség

„Abrám" „Ábrahámnak," a hit atyjának az eredeti neve (1 Mózes 11:26).

„Ábrahám," azaz „sok nemzet atyja," az a név, amelyet Isten Ábrámnak adott, azért, hogy áldással szövetséget köthessen vele (Genezis 17:5). Ezzel a szövetséggel az áldások forrása lett a hit atyjaként. És „Isten barátjának" nevezték.

Áldások megnyomva, megrázva, színig telve, és harminc-, hatvan- és százszoros áldások

Istentől áldásokat kapunk, annak megfelelően, hogy mennyire bízunk Benne, és ültetjük az Igéjét cselekedetekké az életünkben. Annak ellenére, hogy a szívünkből még nem teljesen küszöböltük ki a bűnös természetünket, ha hittel ültetünk és keresünk, olyan áldásokat kapunk, amelyek meg vannak nyomva, rázva, színig telve, és harminc-, hatvan- és százszoros áldások (Lukács 6:38). De ha szentté és lélekké válunk azzal, hogy a bűneink ellen küzdünk, hogy teljesen megszüntessük őket, akkor több, mint harmincszoros áldást kapunk. És ha továbbmehetünk a teljes szellemiségbe, lelkiségbe, akkor hatvan-, vagy százszoros mértékű áldásokat tudunk elnyerni.

10. fejezet

Áldás

"És monda az Úr Ábrámnak: Eredj ki a te földedből, és a te rokonságod közül, és a te atyádnak házából, a földre, amelyet én mutatok néked. És nagy nemzetté tészlek, és megáldalak téged, és felmagasztalom a te nevedet, és áldás leszesz. És megáldom azokat, akik téged áldanak, és aki téged átkoz, megátkozom azt: és megáldatnak te benned a föld minden nemzetségei. És kiméne Ábrám, amint az Úr mondotta vala néki, és Lót is kiméne ő vele: Ábrám pedig hetvenöt esztendős vala, mikor kiméne Háránból."
(Genezis 12:1-4)

Isten meg akarja áldani az embereket. De vannak olyan esetek, amikor Isten kiválaszt valakit, akit megáld, és vannak olyan esetek, amikor egy személy saját maga megy be Isten áldásainak határain belülre. Vannak, akik Isten áldásába belépnek, de aztán elhagyják. És vannak olyanok is, akiknek semmi köze az áldásokhoz. Először nézzük meg azokat az eseteket, amikor Isten kiválaszt valakit, aki megáld.

Ábrahám, a hit ősatyja

Isten az első és az utolsó, a kezdet és a vég. Ő tervezte meg az emberiség történelmének áramlását, és továbbra is vezet minket. Tegyük fel például, hogy házat építünk. Kiszámítjuk, hogy mennyi ideig fogunk építeni, milyen anyagokat fogunk felhasználni, mennyi acélra és betonra, és hány oszlopra lesz szükségünk. Tehát, ha az emberiség történelmét Isten házaként tekintjük, akkor vannak olyan kulcsemberek, akik olyanok, mint az Isten házának „oszlopai."

Isten, a gondviselésének elvégzése érdekében bizonyos embereket kiválaszt, hogy elmondják másoknak, hogy Isten valójában egy, élő Isten, és hogy a Menny és a Pokol valójában létezik. Azért választja Isten ezeket az embereket, hogy oszlopként működjenek. Láthatjuk, hogy teljesen különböznek a hétköznapi emberektől a szívük és az Isten iránti szenvedélyük tekintetében. Az egyik ilyen ember Ábrahám volt.

Körülbelül négyezer évvel ezelőtt élt. A kaldeusok városában, Urban született. Ur egy ősi sumér város volt, amely a mezopotámiai civilizáció bölcsőjében, az Eufrátes folyó nyugati partján helyezkedett el.

Ábrahámot annyira szerette és elismerte Isten, hogy "Isten barátjának" nevezték őt. Mindenféle áldást élvezett Istentől, beleértve az utódokat, a gazdagságot, az egészséget és a hosszú életet. Ahogy Isten megmondta a Mózes 18:17-ben: "Eltitkoljam-é én Ábrahámtól, amit tenni akarok?" Isten világosan kinyilatkoztatta Ábrahámnak azokat az eseményeket is, amelyek a jövőben történnek majd meg.

Isten úgy tekinti a hitet, mint igazlelkűséget és áldását adja

Mit gondolsz, mit látott Isten Ábrahámban, ami annyira tetszett Neki, hogy oly sok áldást küldött rá? A Genezis 15:6 azt mondja: "És hitt az Úrnak és tulajdoníttaték az őnéki igazságul." Isten Ábrahám hitét igazlelkűségnek tekintette.

Isten ezt mondta neki: "Eredj ki a te földedből, és a te rokonságod közül, és a te atyádnak házából, a földre, amelyet én mutatok néked. És nagy nemzetté tészlek, és megáldalak téged, és felmagasztalom a te nevedet, és áldás leszesz." (Genezis 12:1-2). Isten nem mondta meg pontosan, hová menjen, és nem magyarázta meg, milyen földet várhat. Isten nem adott neki részletes tervet arról, hogy hogyan kell élnie, miután elhagyta szülővárosát. Egyszerűen azt mondta neki, hogy távozzon.

Mi lett volna, ha Ábrahámnak testi gondolata lett volna? Nyilvánvaló, hogy amikor elhagyta az apja házát, vándor és csavargó lett volna. Valószínűleg gúnyosan nevettek volna rajta. Ha figyelembe vette volna ezeket a dolgokat, valószínűleg nem lett volna képes engedelmeskedni. Ábrahám azonban soha nem kételkedett abban, hogy Isten megáldja őt. Csak hitt Benne. Ezért feltétel nélkül engedelmeskedett, és elment. Isten tudta, milyen edény Ábrahám, ezért ígérte meg, hogy egy nagy nemzet alakul meg általa. Isten azt is megígérte, hogy áldássá válik.

Isten ígéretet tett Ábrahámnak a Mózes 12:3-ban: "És

megáldom azokat, akik téged áldanak, és aki téged átkoz, megátkozom azt: és megáldatnak te benned a föld minden nemzetségei." Ezt követően, amikor Isten látta, hogy Ábrahám lemondott a jogáról, és feláldozta magát unokaöccséért, Lótért, még egy áldást mondott rá. A Genezis 13:14-16 szerint: "Emeld fel szemeidet és tekints arról a helyről, ahol vagy, északra, délre, keletre és nyugotra. Mert mind az egész földet, amelyet látsz, néked adom, és a te magodnak örökre. És olyanná tészem a te magodat, mint a földnek pora, hogyha valaki megszámlálhatja a földnek porát, a te magod is megszámlálható lesz." Isten ezt is ígérte neki a Mózes 15:4-5-ben: "..aki a te ágyékodból származik, az lesz a te örökösöd. Tekints fel az égre, és számláld meg a csillagokat, ha azokat megszámlálhatod; ⊠ és monda nékie: Így lészen a te magod."

Miután Ábrahámnak ezeket az álmokat és látomásokat megadta, megpróbáltatásokat adott Ábrahámnak. Miért van szükségünk erőpróbákra? Tegyük fel, hogy egy edző kiválaszt egy nagyszerű potenciállal rendelkező sportolót, hogy az országát képviselje az olimpián. Ez a sportoló nem válhat automatikusan aranyérmessé. Sokféle edzésen kell kitartania, és erőteljes munkát kell végeznie az álma elérése érdekében.

Ugyanez volt Ábrahámmal is. Meg kellett szereznie azokat a tulajdonságokat és jellemzőket, amelyekre szüksége volt az Isten ígéretének teljesítéséhez, a megpróbáltatásokon keresztül. Még az erőpróbákon át is, Ábrahám csak "Ámennel" válaszolt, és nem kötött kompromisszumot a saját gondolatai által. Ráadásul nem kereste a saját hasznát, vagy nem adta meg magát az önelégültség, gyűlölet, harag, panaszok, fájdalom, féltékenység vagy irigység előtt. Egyszerűen hitt az Isten áldásának ígéretében, és kitartóan engedelmeskedett.

Aztán Isten még egy ígéretet adott neki. A Mózes 17: 4-6-ban Isten azt mondta Ábrahámnak: "Ami engem illet, imhol az én szövetségem te veled, hogy népek sokaságának atyjává leszesz. És ne neveztessék ezután a te neved Ábrámnak, hanem legyen a te neved Ábrahám, mert népek sokaságának atyjává teszlek téged. És felette igen megsokasítalak téged; és népekké teszlek, és királyok is származnak tőled. "

Isten minőségi edényeket készít a próbákon keresztül

Vannak, akik azért imádkoznak Istenhez, hogy a kapzsiságukból származó álmaikat teljesítse. A kapzsiságuk miatt lehet, hogy gazdagságot, vagy egy jó munkát kérnek Istentől, amely nem illik hozzájuk. Ha így imádkozunk, önzésből, akkor nem kaphatunk választ Istentől (Jakab 4:3).

Ezért imádkoznunk kell az álmainkért és látomásainkért, amelyek Istentől származnak. Ha hiszünk az Isten Igéjében, és engedelmeskedünk, a Szentlélek átveszi a szívünket, és irányít bennünket, hogy kiteljesíthessük az álmainkat. Egyetlen pillanatot sem látunk előre a jövőbe. De ha követjük a Szentlélek útmutatását, aki ismeri mindazt, ami a jövőben történni fog, akkor megtapasztalhatjuk Isten erejét. Ha megszüntetjük a testi gondolatainkat, és Krisztusra támaszkodunk, a Szentlélek átveszi az irányítást, és vezet minket.

Ha Isten álmot ad nekünk, meg kell őriznünk a szívünkben.

Csak azért, mert az álom nem teljesül egy nap, egy hónap, vagy egy évnyi imádság után, nem szabad panaszkodnunk. Isten, aki álmokat és víziókat küld nekünk, időnként kísérleteket végez rajtunk, hogy olyan edényeket hozzon létre belőlünk, amelyek méltóak ezekhez az álmokhoz és látomásokhoz. Amikor olyan emberekké válunk, akik tudják, hogyan engedelmeskedjenek Istennek ezeken a próbákon, Isten válaszol az imáinkra. Azonban, mivel Isten gondolatai és az ember gondolatai különböznek, fel kell ismernünk, hogy amíg a testi gondolatainkat le nem bontjuk, és hittel nem engedelmeskedünk, a kísérletek folytatódnak. Ezért emlékeznünk kell arra, hogy a megpróbáltatásokat azért kapjuk, hogy válaszokat kaphassunk Istentől, ezért ahelyett, hogy megpróbálnánk elkerülni őket, köszönetet kell mondanunk értük.

Isten megadja a kiutat, még a megpróbáltatások során is

Ha engedelmeskedünk, Isten minden dolgot úgy alakít, hogy együtt működjenek. Mindig megadja nekünk a kiutat a próbákból. A Genezis 12. fejezetében látni fogod, hogy a Kánaán földjére való belépés után nagy éhínség volt, így Ábrahám Egyiptomba ment.

Mivel a felesége, Sára nagyon szép volt, Ábrahám attól félt, hogy Egyiptomban valaki megkívánja, és megöli Ábrahámot, hogy Sárát megkapja. Ekkoriban ez teljesen lehetséges volt, így Ábrahám a húgaként mutatta be. Technikailag Sára a féltestvére volt, így ez nem volt hazugság. Ábrahám hite akkor még nem volt olyan fejlett, hogy mindenről konzultált volna Istennel. Így ebben az esetben a testi gondolataira támaszkodott.

Sára olyan szép volt, hogy az egyiptomi fáraó bevitette a palotájába. Ábrahám azt gondolta, hogy ha azt mondja az embereknek, hogy a felesége a nővére volt, az adott helyzetben ez volt a legjobb, de így elvesztette a feleségét. Ezzel az incidenssel Ábrahám megtanulta a nagy leckét, és rájött, hogy mindent Istenre bíz ez után.

Ennek következtében Isten nagy csapásokat mért a fáraóra és a házára Sára miatt, és a fáraó azonnal visszaadta Sárát Ábrahámnak. Mivel Ábrahám a testi gondolataitól függött, átmenetileg nagyon nagy nehézségeken ment keresztül, de végül óriási anyagi javakkal bírt, beleértve a juhokat, a szarvasmarhákat, a szolgákat és a szamarakat. Amint azt a Róma 8:28 írta "Tudjuk pedig, hogy azoknak, akik Istent szeretik, minden javokra van, mint akik az ő végzése szerint hivatalosak," azoknak az embereknek, akik engedelmeskednek Neki, Isten előkészíti a kiutat, és velük marad a megpróbáltatások során. Lehet, hogy egy pillanatig nehéz helyzetbe kerülnek, de végül hittel kiállják őket, és áldásokat kapnak.

Tegyük fel, hogy valaki napról napra él, egy napibéren. Ha betartja az Úr napját, a családja egy napra éhes lesz. Ebben a helyzetben egy hívő ember engedelmeskedni fog Isten parancsának, és megtartja az Úr napját, még akkor is, ha ez azt jelenti, hogy éhes lesz. Akkor, éhes lesz az a személy és a családja? Biztosan nem! Ahogy Isten elküldte a mannát az izraeliták etetésére, szeretettel fogja táplálni és ruházni az engedelmeseket is.

Ezért a Máté 6:25-ben Jézus ezt mondta: "Ne aggodalmaskodjatok a ti éltetek felől, mit egyetek és mit igyatok; sem a ti testetek felől, mibe öltözködjetek. Avagy nem több-é az élet hogynem az eledel, és a test hogynem az öltözet?" A levegő madarai nem vetnek, nem termesztenek, és nem is tárolnak élelmiszereket. A mező liliomjai sem dolgoznak, nem is fonnak. De Isten megeteti, és felruházza őket. Tehát Isten ne foglalkozna a saját gyermekeivel, akik engedelmeskednek Neki, és keresik az Akaratát, hogy ne szenvedjenek nehézséget?

Isten még a megpróbáltatások során is áld

Ha megvizsgáljuk azokat az embereket, akik Isten Igéje szerint cselekedtek, és az igaz útra tértek, láthatjuk, hogy még az erőpróbák közepette is, Isten minden dolgot jóra fordított végül nekik. Annak ellenére, hogy a körülményeik nehézkesnek és zavarónak tűnnek, végül valójában áldássá válnak számukra.

Amikor Júda déli királyságát lerombolták, Dániel három barátja fogságba került Babilonban. Annak ellenére, hogy azzal fenyegették őket, hogy a kemencébe dobják őket, nem vettek részt a bálványimádatban, és egy kicsit sem kötöttek kompromisszumot a világgal. Mivel hittek Isten erejében, azt hitték, hogy még ha be is dobják őket a kemencébe, Isten meg tudja őket menteni. És még ha nem is mentenék meg őket, elhatározták, hogy megtartják a hitüket, és nem hajolnak le semmiféle bálványhoz. Ezt a fajta hitet mutatták. Számukra Isten törvénye fontosabb volt, mint az országuk törvényei.

Hallva a fiatal férfiak engedetlenségét, a király dühös lett, és a kemence hőmérsékletét hétszer annyira megemelte, mint az eredeti hőmérséklete. Dániel három barátját megkötötték, és bedobták a kemencébe. Mivel Isten megvédte őket, még a fejükön lévő haj sem sérült meg, és nem volt tűz szaguk sem (Dániel 3:13-27).

Dániellel ugyanígy volt. Annak ellenére, hogy volt egy rendelet, amely azt mondta, hogy bárkit, aki a királyon kívül egy istenhez vagy emberhez imádkozik, az oroszlán barlangjába dobnak, Dániel csak Isten akaratának engedelmeskedett. Nem követte el a bűnt, hogy abbahagyja az imádkozást, és minden nap rutinszerűen követte a napi három, Jeruzsálem felé néző imádkozását. Végül Dánielt az oroszlán barlangjába dobták, de Isten elküldte az angyalokat, és becsukta az oroszlán száját, hogy Dániel teljesen sértetlenül maradjon.

Milyen szép látni valakit, aki nem köt alkut a világgal, hogy megőrizhesse a hitét! Az igazak egyedül a hit által élnek. Ha Istennek kedvére teszel, áldásokkal válaszol. Még ha az élet szélére kerülsz is látszólag, ha engedelmeskedsz, és megmutatod a hitedet egészen a keserű végig, Isten megmutatja a kiutat, és mindig veled lesz.

Ábrahámot is megáldották az erőpróbák közepette. Nem csak ő, hanem a vele együtt élő emberek is áldottak voltak. Ma a víz nagyon értékes a Közel-Keleten, ahol Izrael található. Ábrahám idejében is nagyon értékes volt. De bárhová ment Ábrahám, nemcsak a víz volt bőséges, hanem – mivel annyira áldott volt - az unokaöccse, Lót is áldásokat kapott, nagy állatállományokat, valamint ezüstöt és aranyat.

Abban az időben a sok szarvasmarha gazdagságot és sok

ételt jelentett. Amikor az unokaöccsét, Lótot fogságba tették, Ábrahám a 318 betanított szolgáját elvitte, hogy megmentsék őt. Ez önmagában elmondja, milyen gazdag volt. Ábrahámnak köszönhetően, aki szorgalmasan engedelmeskedett az Isten Igéjének, áldott volt a föld és a vidék, amelyben lakott, és a vele együtt élő emberek is áldottak voltak.

Még a szomszédos országok királyai sem tudtak semmit ártani Ábrahámnak, mert olyan nagyra becsülték. Ábrahám megkapta az áldásokat, amelyeket ebben az életben bárki megkaphat: hírnév és szerencse, hatalom, egészség, és gyermekek. Amint a Deuteronomé 28. fejezetében olvasható, Ábrahám az a fajta ember volt, aki áldásokat kapott, amikor bejött és amikor kiment valahonnan. Isten igaz gyermeke, az áldások gyökere, és a hit atyja lett. Továbbá, megértette Isten mély szívét, így Isten megoszthatta a szívét Ábrahámmal, és a "barátjának" hívta őt. Milyen dicsőség és áldás!

Ábrahám edényének jellege

Az ok, amiért Ábrahám annyira áldott volt: a "jó edénye." Olyan ember volt, akiben megvolt az 1 Korinthus 13. fejezetében leírt szeretetet, és a Szentlélek kilenc gyümölcsét termette, amint a Galaták 5. fejezetében leírva találjuk.

Például, Ábrahám minden dologban jóhiszeműen és szeretettel cselekedett. Soha nem gyűlölt másokat, és nem szított ellenségeskedést másokkal. Soha nem hívta fel a figyelmet egy másik ember gyengeségére, és minden embernek szolgált. Mivel az öröm gyümölcsét termette, függetlenül attól, hogy milyen megpróbáltatások érték, soha nem szomorkodott, vagy volt dühös. Mivel teljesen bízott Istenben, mindig örülhetett. Bármi is volt a helyzet, soha nem reagált az érzelmeivel, vagy nem hozott elfogult döntéseket. Türelmes volt, és mindig meghallgatta az Isten hangját.

Ábrahám kegyelmes ember is volt. Amikor az unokaöccsétől, Lóttól, el kellett köszönnie, átadta neki az elsőszülött jogát, hogy ő válasszon földet. Azt mondta: "Ha balra mész, akkor jobbra megyek. Ha jobbra mész, balra megyek," és megengedte Lótnak, hogy kiválassza a jobb földet. A legtöbb ember azt gondolná, hogy a magasabb pozícióban lévő, vagy magasabb rangú személynek kell választania a jobbik földet. Ábrahám azonban olyan ember volt, aki másoknak is tudott adni, és aki szolgált másokat, és áldozott értük.

Továbbá, mivel Ábrahám a lelki jóság szívét ápolta, amikor Lót a Sodoma földjével együtt megsemmisülni látszott, közbelépett értük (Genezis 18:22-32). Ennek eredményeképpen ígéretet kapott Istentől, hogy nem fogja elpusztítani a várost, ha talál ott csak tíz igaz embert. Sodomának és Gomorának még csak tíz igaz embere sem volt, és megsemmisült. Még ekkor is, Isten megmentette Lótot Ábrahám miatt.

Amint azt a Mózes 19:29 írja: "És lőn mikor elveszté Isten annak a környéknek városait, megemlékezék az Isten Ábrahámról, és kiküldé Lótot a veszedelemből, mikor elsülyeszté a városokat, amelyekben lakott vala Lót," Isten megmentette Ábrahám szerető unokaöccsét, Lótot, hogy Ábrahám szíve ne legyen szomorú.

Ábrahám hű volt Istenhez, annyira, hogy feláldozta az egyetlen fiát, Izsákot, akit száz évesen kapott. Függetlenül attól, hogy a fiát tanította, vagy a szolgáival és a szomszédaival való kapcsolatát nézzük, annyira tökéletes és hű volt Istenhez, az egész házában, hogy akár hibátlannak is mondhatjuk. Soha nem állt ellent senkinek, és mindig békés és szelíd volt. Szolgált, és segített másoknak, gyönyörű szívvel. És olyan önuralma volt, hogy bármit is tett, soha nem viselkedett rosszul, vagy nem lépett át semmilyen határt.

Így Ábrahám a Szentlélek kilenc gyümölcsét teremte, és nem hiányzott egyetlen gyümölcs sem belőle. Jó szíve is volt. Végül is, nagyon jó edénye volt. Áldott emberré válni, amilyen Ábrahám volt, egyáltalán nem nehéz feladat. Csak utánozni kell őt. Mivel a Mindenható Teremtő Isten a mi Atyánk, miért ne válaszolna az ő gyermekeinek az imájára és könyörgésére?

Ez a folyamat, hogy olyanok legyünk, mint Ábrahám, egyáltalán nem nehéz. Az egyetlen nehéz dolog az, hogyha a saját gondolataink elénk állnak. Ha teljesen bízunk, és függünk Istentől, valamint engedelmeskedünk Neki, akkor Ábrahám Istene gondoskodni fog rólunk, és elvezet minket az áldások útjára!

Szójegyzék, és a fogalmak magyarázata

Noé, egy igaz ember engedelmessége és áldása

"Noénak pedig ez a története: Noé igaz, tökéletes férfiú vala a vele egykorúak között. Istennel jár vala Noé. És nemze Noé három fiat: Sémet, Khámot és Jáfetet." (Genezis 6:9-10).

Az első ember, Ádám hosszú, hosszú időt töltött az Édenkertben. Miután bűnt követett el, az Éden kertjéből kitiltották, később pedig a Földön élt. Mintegy ezer évvel később Noé megszületett Seth leszármazottjaként, aki tisztelte Istent. Noé, aki Énok leszármazottja is volt, az, apja, Lamech, és nagyapja, Methuselah tanításával nőtt fel, és az igazság emberévé vált a bűnös világ közepette. Mivel mindenét Istennek akarta adni, a szíve tiszta volt, és nem nősült meg, amíg nem fedezte fel, hogy Isten különleges tervet készített elő az életében. Tehát ötszáz évesen Noé megnősült, és családot alapított (1Mózes 5:32).

Noé tudott az árvíz ítéletéről, és hogy az emberi művelés újra elindul majd általa. Ezért az életét az Isten akaratának való engedelmeskedésnek szentelte. Ezért választotta Isten Noét, aki igazlelkű ember volt, és teljes szívvel engedelmeskedett Istennek a bárka építésében anélkül, hogy a saját gondolatait, okait vagy kifogásait felhozta volna.

Noé bárkájának spirituális szimbolikája

"Csinálj magadnak bárkát gófer fából, rekesztékeket csinálj a bárkában, és szurkozd meg belől és kivűl szurokkal. Ekképpen csináld pedig azt: A bárka hossza háromszáz sing legyen, a szélessége ötven sing, és a magassága harminc sing. Ablakot csinálj a bárkán, és egy singnyire hagyd azt felülről; a bárka ajtaját pedig oldalt csináld; alsó, közép, és harmad padlásúvá csináld azt." (Genezis 6:14-16).

Noé bárkája hatalmas szerkezet volt: 138 méter hosszú, 23 méter széles és 14 méter magas, és mintegy 4.500 évvel ezelőtt épült. Az Éden Kertje népének hatása miatt Noé tudása és készsége rendkívüli volt, azonban, mivel a bárkát az Isten által megadott terv szerint építette, Noé és a nyolctagú családja, valamint az összes, különböző állatfaj családja képes volt túlélni az árvíz negyven napja alatt, több, mint egy évig ott maradva a bárkában.

A bárka Isten szavának lelki jelképe, míg a bárka belseje az üdvösséget szimbolizálja. A bárkában lévő három fedélzet azt jelenti, hogy a Szentháromság Istene - az Atya, a Fiú és a Szentlélek – be fogja fejezni fogja az emberi művelés történelmét.

Az Ararát hegye, ahol a bárka földet ért

Az árvíz ítélete, amely Isten igazsága közepette történt

"Monda az Úr Noénak: Menj be te, és egész házadnépe a bárkába: mert téged láttalak igaznak előttem ebben a nemzedékben." (Genezis 7:1).

"'Mert hét nap múlva esőt bocsátok a földre negyven nap és negyven éjjel; és eltörlök a föld színéről minden állatot, melyet teremtettem. Cselekedék azért Noé mind aszerint, amint az Úr néki megparancsolta vala." (Genezis 7:4-5).

Isten sok lehetőséget kínált az embereknek az árvíz előtt, hogy megbánják a bűneiket. A sok év alatt, amíg a bárkát befejezte, Noé hirdette Isten bűnbánattal kapcsolatos üzenetét a népnek, de csak a családja hitt és engedelmeskedett Noénak. A bárkába való bejutás azt jelenti, hogy mindent, amit élveztél a mögötted lévő világban, eldobsz magadtól.

Annak ellenére, hogy az emberek túlságosan messzire mentek ahhoz, hogy megtérjenek, Isten még egy hét napos figyelmeztetést adott a népnek, hogy megbánják a bűneiket, és elkerüljék az ítéletet. Nem akarta, hogy szembenézzenek az ítéletével. Szeretettel és kegyelemmel teli szívvel, Isten megadta nekik ezt a lehetőséget, egészen a keserű végig. Azonban, egyetlen ember sem bánta meg a bűneit, és nem lépett be a bárkába senki. Valójában még többet vétkeztek! Végül az özönvíz ítéletébe kerültek.

Az ítéletről

"...Ítélet tekintetében pedig,
hogy e világnak fejedelme megítéltetett."

(János 16:11)

"És népek gyülekezete vegyen téged körül, és felettök térj vissza a magasságba." (Zsoltárok 7:8)

"És azt mondod: Bizonyára ártatlan vagyok, hiszen elfordult tőlem az ő haragja! Ímé, én törvénybe szállok veled, mivelhogy azt mondod: Nem vétkeztem!'" (Jeremiás 2:35)

"Én pedig azt mondom néktek, hogy mindaz, aki haragszik az ő atyjafiára ok nélkül, méltó az ítéletre: aki pedig azt mondja az ő atyjafiának: Ráka, méltó a főtörvényszékre: aki pedig ezt mondja: Bolond, méltó a gyehenna tüzére." (Máté 5:22)

"...És kijőnek; akik a jót cselekedték, az élet feltámadására; akik pedig a gonoszt művelték, a kárhozat feltámadására.." (János 5:29)

"És miképpen elvégezett dolog, hogy az emberek egyszer meghaljanak, azután az ítélet," (Zsidó 9:27)

"Mert az ítélet irgalmatlan az iránt, aki nem cselekszik irgalmasságot; és dicsekedik az irgalmasság az ítélet ellen." (Jakab 2:13)

"És látám a halottakat, nagyokat és kicsinyeket, állani az Isten előtt; és könyvek nyittatának meg, majd egy más könyv nyittaték meg, amely az életnek könyve; és megítéltetének a halottak azokból, amik a könyvekbe voltak írva, az ő cselekedeteik szerint." (Jelenések 20:12)

11. fejezet

Az Istennel szembeni engedetlenség bűne

"Az embernek pedig monda: Mivelhogy hallgattál a te feleséged szavára, és ettél arról a fáról, amelyről azt parancsoltam, hogy ne egyél arról: Átkozott legyen a föld te miattad, fáradságos munkával élj belőle életednek minden napjaiban Töviset és bogácskórót teremjen tenéked; s egyed a mezőnek fűvét. Orcád verítékével egyed a te kenyeredet, míglen visszatérsz a földbe, mert abból vétettél: mert por vagy te s ismét porrá leszesz."
(Genezis 3:17-19)

Sokan azt mondják, hogy az élet önmagában nehézség. A Biblia azt fejezi ki, hogy a világban megszületni, és benne élni fájdalmas. A Jób 5:7-ben Elifáz ezt mondta Jóbnak, aki zűrzavarban volt: "Hanem nyomorúságra születik az ember, amint felfelé szállnak a parázs szikrái." Az az ember, akinek kevese van, a megélhetésért verejtékezik, és az az ember, akinek sok mindene van, egy másik probléma miatt dolgozik az életében. És miután egy ember keményen dolgozik egy bizonyos célért, és úgy tűnik számára, hogy a célját elérte valamennyire, az élet sötétsége közeleg számára. Amikor eljön az idő, még a legegészségesebb ember is megtapasztalja a halált.

Senki nem kerülheti el a halált, tehát hogyha megnézzük, akkor az élet olyan, mint egy átlátszó köd, vagy egy hatalmas felhő. Mi az oka annak, hogy az emberek mindenféle megpróbáltatást tapasztalnak a mókuskerékszerű életükben? Az első és eredeti oka ennek az, hogy Istennek nem engedelmeskedtek. Ádám, Saul, és Káin példáját nézve, láthatjuk részletében azt, hogy mi a következménye annak, ha az ember ellenszegül Istennek.

Ádám, akit Isten a saját Maga képére alkotott

Isten megteremtette az első embert, Ádámot, a Saját képére, és aztán életet lehelt bele az orrlyukán át, ezért élőlény lett belőle (Genezis 2:6-7). Isten egy kertet ültetett Éden keleti részébe, és ide rakta az embert. Aztán ezt mondta: "És parancsola az Úr Isten az embernek, mondván: A kert minden fájáról bátran egyél. De a jó és gonosz tudásának fájáról, arról ne egyél; mert amely napon ejéndel arról, bizony meghalsz." (Genezis 2:16-17).

Látva, hogy Ádámnak nem jó egyedül, Isten kivette Ádám bordáját, és megalkotta belőle Évát. Isten megáldotta őket, és azt mondta nekik hogy: "sokasodjatok és szaporodjatok." Megengedte nekik, hogy a tenger halai, az ég madarai, és sok más élőlény fölött, ami mozog a földön, uralkodjanak (Genezis 1:28). Mivel ezt a nagy áldást kapták Istentől, Ádámnak és

Évának nagyon sok étele volt, amit megehettek, nagyon sok leszármazottjuk is, és virágzó életet éltek.

Kezdetben, mint egy újszülött kisded esetén, Ádámnak semmi nem maradt meg a memóriájában, ami teljesen üres volt. Azonban Isten Ádámmal sétált, és sok mindent megtanított neki, hogy úgy éljen, mint a teremtés Ura. Isten megtanította Ádámot saját magáról, az univerzumról, és a lelki törvényekről. Isten azt is megtanította Ádámnak, hogyan éljen lelki emberként. Megtanította neki a jó és a rossz tudását. Számos évig Ádám engedelmeskedett Isten Igéjének, és hosszú-hosszú éveken át a az Édenkertben élt.

Ádám megette a tiltott gyümölcsöt

Történt egyszer, hogy az ellenség ördöges és Sátán, a levegő uralkodója, felbujtotta a kígyót, ami minden állat legravaszabbika, és az megkísértette Évát. A kígyó, akit a Sátán felbujtott, tudta, hogy Isten azt mondta a férfinak, hogy ne egyen az Édenkert közepén lévő fáról. Azért, hogy megkísértse Évát, a kígyó ezt kérdezte: "Csakugyan azt mondta az Isten, hogy a kertnek egy fájáról se egyetek?" (Genezis 3:1)

Hogyan válaszolt Éva? Ezt mondta: "A kert fáinak gyümölcséből ehetünk; De annak a fának gyümölcséből, mely a kertnek közepette van, azt mondá Isten: abból ne egyetek, azt meg se illessétek, hogy meg ne haljatok." (Genezis 3:2-3, NKJV). Isten kifejezetten ezt mondta: "amely napon ejéndel arról, bizony meghalsz." (Genezis 2:17). Miért változtatta meg Éva a szavakat, mondván: "hogy meg ne haljatok?" A "meg ne" azt jelenti: "attól való félelmedben, hogy." Ezek a szavak azt jelentik, hogy nincs abszolútum. "Hogy meg ne haljatok" és "bizony meghalsz" különböznek egymástól. Azt jelenti, hogy Éva nem írta be a szívébe Isten szavait. A válasz azt bizonyítja, hogy nem volt teljesen biztos benne, hogy "biztosan meghal."

A ravasz kígyó nem hagyta ki ezt a lehetőséget, "Bizony nem haltok meg; Hanem tudja az Isten, hogy amely napon ejéndetek abból, megnyilatkoznak a ti szemeitek, és olyanok lésztek mint az Isten: jónak és gonosznak tudói." (Genezis 3:4-5). Nem csak hogy hazudott a kígyó, hanem Évát a kapzsiságra is rávette! És mivel a kígyó Éva elméjébe mohóságot lopott, a jó és a gonosz tudásának fája, melyet Eve soha nem akart megérinteni, vagy akár közeledni is hozzá, jónak és ízletesnek tűnt. Valóban elég jónak tűnt ahhoz, hogy valaki bölcs legyen általa! Végül Éva evett a tiltott gyümölcsből, és odaadta férjének, hogy egyen belőle ő is.

Ádám bűnének - hogy nem engedelmeskedett Istennek -
eredménye

Tehát Ádám, az emberiség ősatyja, ellenszegült Isten parancsának. Mivel Ádám és Éva nem írta be pontosan Isten Igéjét a szívébe, az ellenséges ördög és a Sátán kísértésébe estek, és nem engedelmeskedtek Isten parancsának. Tehát, ahogy Isten mondta, Ádám és Éva végül "biztosan meghaltak."

Azonban, ahogy olvassuk a Bibliát, látjuk, hogy nem haltak meg azonnal. Sok évet éltek még ez után, és sok gyermekük volt. Amikor Isten azt mondta: "Biztosan meghalsz," nem egyszerűen a egyszerű fizikai halálra gondolt, amikor az ember légzése leáll. Az alapvető halálra utalt, ami a szellem vagy lélek halála. Eredetileg az ember olyan lélekkel jött létre, amely képes volt kommunikálni Istennel, lélekkel, melyet a szellem irányított, és a testtel, amely a szellem és a lélek temploma volt (1Thesszalonika 5:23). Tehát, amikor az ember megszegte Isten parancsolatát, a lélek, amely az ember mestere, meghalt.

Mivel az ember lelke meghalt az Isten ellen való engedetlenség bűne következtében, az Istennel való kapcsolata megszakadt, így nem élhetett tovább az Édenkertben. Ez azért van, mert egy bűnös nem létezhet Istennel az Ő jelenlétében. Ekkor kezdődött az emberiség nehézsége. Az asszony szülési fájdalmai nagyon megnőttek, fájdalomban hozott a világra gyermekeket, a vágya a férje iránt égett, aki uralkodott rajta. Az embernek fáradnia kellett élete minden napján, hogy a földből egyen, amelyet megátkoztak miatta (1 Mózes 3:16-17). A teremtett világnak, melyet Ádámmal együtt megátkoztak, szenvednie kellett vele. Ráadásul Ádám összes leszármazottja, akik az ő vérvonalából születtek, bűnösként született meg, és a halál útján járt.

Az ok, amiért Isten elhelyezte a jó és a gonosz tudásának fáját

Vannak, akik így gondolkodnak: "Tudta a Mindenható Isten, hogy Ádám enni fog a tiltott gyümölcsből? Ha tudta, miért helyezte el az Édenkertbe, és hagyta, hogy Ádám engedetlen legyen? Ha a tiltott gyümölcs nem létezett volna, nem akadályozta volna meg Ádám vétkezését?" Ha Isten nem helyezte volna el a tiltott gyümölcsöt a kertben, akkor Ádám és Éva a hálaadás, az öröm, a boldogság és a szeretetet gyümölcsét tapasztalta volna meg? Isten célja, amikor a tiltott gyümölcsöt az Édenkertbe elhelyezze, nem az volt, hogy a halál útjára küldjön minket. Isten gondviselése azért volt, hogy megtanítsa nekünk a relativitást.

Mivel az Édenkertben minden igaz volt, az emberek a kertben nem értették, mi a hamisság. Mivel a gonosz nem létezett, az emberek nem tudták, mi a gyűlölet, szenvedés, betegség vagy halál valójában. Viszonylagos értelemben, az emberek nem értették, milyen boldog életet tapasztaltak meg. Mivel soha nem tapasztalták meg a boldogtalanságot, nem tudták, mi az igazi boldogság, és az igazi boldogtalanság. Ezért volt szükség a jó és a rossz tudásának fájára.

Isten igaz gyermekeket akart, akik megértik, mi az igaz szeretet és boldogság. Ha az első ember, Ádám, tudta volna, mi az igaz boldogság, amikor az Édenkertben volt, hogyan lehetett volna engedetlen Istennel szemben? Ezért Isten elhelyezte a tudás fáját a kertbe, és az embert műveli a földön, hogy megtanulja a dolgok relativitását. A művelési folyamattal az ember megtapasztalja a győzelem és a kudarc, a jó és a rossz relativitását. Csak ha az ember megtudja az igazságot ebben a folyamatban, tudja igazán megérteni és szeretni Istent, a szíve mélyéből.

A bűn által okozott átoktól mentes út

Míg Ádám az Édenkertben élt, engedelmeskedett Istennek, és megtanulta Isten jóságát. Mivel engedetlen volt, a leszármazottai az ellenséges ördög rabszolgáivá váltak, és egyre inkább megfoltozta őket a gonoszság, ahogy a generációk teltek. Minél több idő telt el, annál több gonoszt halmoztak fel magukban. Nem csak a szüleiktől örökölt bűnnel születtek, hanem ahogy nőttek és megtanulták, amit láttak és hallottak, egyre több bűn volt az elméjükben. Isten tudta, hogy Ádám enni fog a tiltott gyümölcsből. Tudta, hogy az egész világ tele lesz bűnnel. Azt is tudta, hogy az ember a halál útjára fog menni. Ezért készítette elő a Megváltót, Jézus Krisztust, az idő előtt. Amikor eljött a kijelölt idő, elküldte Jézust erre a világra.

Annak érdekében, hogy az embereknek Isten akaratát megtanítsa, Jézus terjesztette a mennyek birodalmának evangéliumát, és jeleket és csodákat manifesztált. Aztán keresztre feszítették, kiontotta a vérét, hogy az egész emberiség bűnének árát megfizesse. Ezért, aki elfogadja Jézus Krisztust, megkapja a Szentlelket ajándékként. Az üdvösség útja megnyílt azok számára, akik a hamisságot eldobták maguktól, és az igazságban éltek, a Szentlélek útmutatásával. Ha az emberek visszaszerzik Isten képét, amit egyszer elveszítettek, és ha tisztelik Istent, és megtartják a törvényeit, ami az emberek abszolút kötelessége (Prédikátor 12:13), akkor élvezhetik azokat az áldásokat, amelyeket Isten előkészített nekik. Nemcsak gazdagságot és egészséget élvezhetnek, hanem örök életet is örök áldásokban.

Amint láttuk, ha bemegyünk a Fénybe, megszabadulhatunk a bűn csapdájából. Milyen békés lesz a szívünk, miután bűnbánatot tartunk és megvalljuk, majd eldobjuk a bűneinket, és felkészítjük az elménket, hogy Isten Igéje szerint éljünk! Ha hiszünk Isten Igéjében, és fogadjuk az imát, láthatjuk, hogyan szabadulunk meg a betegségektől, nehézségektől, próbáktól és zaklatástól. Isten örömet érez a gyermekei láttán, akik elfogadják Jézus Krisztust, és igazságban élnek, és megszabadítja őket minden átoktól.

Saul Isten iránti engedetlensége bűnének eredménye

Saul volt az első király az izraeliták király iránti kérelme következtében. Benjamin törzséből származott, és senki sem volt olyan elegáns és gyengéd Izraelben, mint ő. Amikor Sault felkenték királyként, nagyon szerény ember volt, aki kevesebbnek tekintette magát, mint másokat. Miután király lett, apránként elkezdett ellenszegülni Isten parancsolatának. Megvetette a főpap álláspontját, és ostobán cselekedett (1Sámuel 13: 8-13), végül elkövette az engedetlenség bűnét.

Az 1. Sámuel 15. fejezetében Isten azt mondta Saulnak, hogy teljesen semmisítse meg az amálekitákat, de Saul nem engedelmeskedett. Az okokat az Exodus 17. fejezetében olvashatjuk. Az izraeliták Kanaán földjére mentek, miután Egyiptomból kivonultak, de az amálekiták harcoltak az izraeliták ellen.

Ezért Isten megígérte, hogy teljesen kitörli az amalekiták emlékét (Exodus 17:14), és mivel Isten nem habozik, úgy tervezte, hogy ezt a ígéretet több száz évvel később, Saul idején teljesíti. Sámuel próféta által ezt parancsolta Isten: "És szomjúhozik vala ott a nép a vízre és zúgolódék a nép Mózes ellen és monda: Miért hoztál ki minket Égyiptomból? hogy szomjúsággal olj meg minket, gyermekeinket és barmainkat?" (3. vers).

Saul azonban nem engedelmeskedett Istennek. Agag királyt visszahozta fogolyként, és a juhok, az ökrök, a bárányok, és minden állomány legjobbját is, mind visszahozta. Meg akarta mutatni a nyereségét az embereknek, és megkapni a dicséretüket. Saul azt tette, amiről az gondolta, igaza van, de nem engedelmeskedett Istennek. Sámuel úgy magyarázott, hogy Saul megértse, de Saul még mindig nem bánta meg a bűneit, inkább kifogásokat tett (1 Sámuel 15: 17-21). Saul azt mondta, hogy azért hozta vissza a kiválasztott juhokat és a szarvasmarhákat, hogy az emberek áldozzanak Istennek.

What do you think God said about this sin of disobedience? 1 Samuel 15:22-23 says, Mit gondolsz, mit mondott Isten erről az engedetlenségről és bűnről? Az 1 Sámuel 15: 22-23 szerint: "Ímé, jobb az engedelmesség a véres áldozatnál és a szófogadás a kosok kövérénél! Mert, mint a varázslásnak bűne, olyan az engedetlenség; és bálványozás és bálványimádás az ellenszegülés. Mivel te megvetetted az Úrnak beszédét, ő is megvetett téged, hogy ne légy király." Az engedetlenség bűne olyan, mint a jóslás és a bálványimádás bűne. A jóslás varázslat, amely súlyos bűn, és Isten ítélete alá esik. A bálványimádás olyan bűn, amelyet Isten úgy ítél meg, mint egy utálatosságot.

Saul még mindig nem bánta meg a bűneit. Ehelyett, ahhoz, hogy jó képet mutasson magáról, megkérte Sámuelt, hogy tisztelje őt a népe előtt(1 Sámuel 15:30). Mi rémisztőbb és szomorúbb, mint Isten által elutasítva lenni? De ez nem vonatkozik Saulra. Ránk is vonatkozik ez ma. Ha nem engedelmeskedünk Isten Igéjének, akkor nem tudjuk elkerülni a bűn következményeit.Ez vonatkozik a nemzetekre és a családainkra is.

Például, ha egy szolga engedetlen a királlyal, és a saját szeszélye szerint cselekszik, megbüntetik a bűneiért. A családban, ha egy gyermek ellenszegül a szüleinek, és rossz útra tér, mennyire szomorúak lesznek a szülei! Az engedetlenség megtöri a békét, és fájdalmat és szenvedést okoz. Saul, Isten iránti engedetlensége miatt nemcsak elvesztette a becsületét és hatalmát, de a gonosz szellemek is kínozták, és végül meghalt a csatatéren, és nyomorult véget ért.

Káin bűne, az Isten iránti engedetlenség, és annak eredménye

A Teremtés 4. fejezetében Ádám két fia, Káin és Abel látható. Káin földműves volt, és juhokat tenyésztett. Káin áldozatot mutatott be Istennek a termésével, Ábel pedig az elsőszülött állatokkal, és azok zsíros részeivel tette ugyanezt. Isten Ábelben és az áldozatában kedvét lelte, de Káin áldozatában nem.

Amikor Ádámot az Édenkertből kiűzte, Isten azt mondta neki, hogy áldozatot kell bemutatnia egy állat vérével, hogy megbocsáthasson neki (Zsidó 9:22). Ádám megtanította a fiainak a véráldozás módját. Káin és Abel nagyon jól tudták, hogy milyen áldozatot akar Isten. Ábelnek jó szíve volt, ezért engedelmeskedett, és pontosan úgy tett, ahogy tanították, és áldozatot tett, ahogyan Isten akarta. Káin viszont a saját gondolatai szerint tett áldozatot, a kényelme szerint. Ezért Isten fogadta Ábel áldozatát, de Káinét nem.

Ugyanez vonatkozik ma ránk is. Isten elégedett az istentiszteletünkkel, ha teljes szívünkkel, szellemünkkel, és az igazsággal imádjuk Őt. Ha azonban a saját vágyunk szerint imádjuk Őt, és ha a keresztény sétánk csak a saját hasznunkat szolgálja, akkor semmi közünk nincs Istenhez.

A Genezis 4:7-ben Isten ezt mondja Káinnak: "Hiszen, ha jól cselekszel, emelt fővel járhatsz; ha pedig nem jól cselekszel, a bűn az ajtó előtt leselkedik, és reád van vágyódása; de te uralkodjál rajta." Isten megpróbálta felvilágosítani Káint, hogy ne kövessen el bűnt. De Káin nem tudta uralni a bűnt, és végül megölte a testvérét.

Ha Káinnak jó szíve lett volna, akkor megtért volna, és a bátyjával együtt olyan áldozatot hozott volna, ami Istennek tetszik, és nem lett volna semmilyen gond. Mivel azonban gonosz volt, Isten akarata ellen tett. Ez féltékenységet és gyilkosságot eredményezett, ami testi cselekedet, és az ítélkezés eredményeképpen megátkozták. Végül Isten azt mondta Káinnak: "Mostan azért átkozott légy e földön, mely megnyitotta az ő száját, hogy befogadja a te atyádfiának vérét, a te kezedből. Mikor a földet míveled, ne adja az többé néked az ő termő erejét, bujdosó és vándorló légy a földön." Innentől Káin olyan emberré vált, aki állandóan elmenekült (1 Mózes 4: 11-12).

Eddig az első ember, Ádám, Saul király és Káin életén keresztül láttuk, mennyire súlyos bűn, ha engedetlenek vagyunk Istennel, és milyen nagy megpróbáltatások és nehézségek következnek belőle. Amikor egy olyan hívő, aki ismeri az Isten Igéjét, nem engedelmeskedik neki, azzal engedetlenné válik Istennel. Ha egy hívő nem kapja meg a jólét áldását életének minden területén, azt jelenti, hogy valamilyen módon elkövette ezt a bűnt az Istennel szemben.

Ezért el kell pusztítanunk a bűnfalat, amely Isten és közöttünk áll. Isten elküldte Jézus Krisztust és az Igazság Igéjét erre a világra, hogy igaz életet teremtsen az embereknek, akik a szenvedés közepette élnek a bűn miatt. Ha nem az Igazság Szava szerint élünk, az eredmény a halál.

Az Úr tanításainak megfelelően kell élnünk, amelyek elvezetnek minket az üdvösséghez, az örök élethez, az imákra adott válaszokhoz, és az áldásokhoz. Nem szabad elkövetni az engedetlenség bűneit, folyamatosan ellenőriznünk kell magunkat a bűnök miatt, megbánást kell mutatnunk, és engedelmeskednünk kell az Igének, hogy teljes üdvösséget kapjunk.

── ⁓ 12. fejezet ⁓ ──

"Eltörlöm az embert a földnek színéről

"És látá az Úr, hogy megsokasult az ember gonoszsága a földön, és hogy szíve gondolatának minden alkotása szüntelen csak gonosz. Megbáná azért az Úr, hogy teremtette az embert a földön, és bánkódék az ő szívében. És monda az Úr: Eltörlöm az embert, akit teremtettem, a földnek színéről; az embert, a barmot, a csúszó-mászó állatokat, és az ég madarait; mert bánom, hogy azokat teremtettem. De Noé kegyelmet talála az Úr előtt. Noénak pedig ez a története: Noé igaz, tökéletes férfiú vala a vele egykorúak között. Istennel jár vala Noé."
(Genezis 6:5-9)

A Bibliaban láthatjuk, milyen nagy volt az ember bűne Noé idejében. Isten annyira gyászolt amiatt, hogy megteremtette az embert, hogy kijelentette, hogy kiirtja az embert a föld színéről az Árvíz ítéletével. Isten megteremtette az embert, együtt sétált vele, és kiöntötte rá a bőséges szeretetét. Miért kellett elítélnie az embert ilyen módon? Vizsgáljuk meg Isten ítéletének okait, és azt: hogyan tudjuk elkerülni Isten ítéletét, és helyette hogyan kaphatjuk meg az áldásait.

A különbség egy gonosz és egy jó ember között

Ahogy kölcsönhatásba kerülünk az emberekkel, bizonyos érzést érzünk velük kapcsolatban. Megérezhetjük, hogy gonoszak vagy jók-e. Az emberek, akik jó környezetben nőttek fel, és megfelelő tanítást kaptak, lágyabb személyiséggel, valamint jobb szívvel rendelkeznek. Ellenkezőleg, azok az emberek, akik kemény környezetben nőttek fel, és sok gonosz dolgot láttak és tapasztaltak, amelyek az igazsággal ellentétesek voltak, nagyobb valószínűséggel olyan személyiségek, akik csavarosabbak, és inkább gonosztevők. Természetesen vannak olyanok is, akik végül hamis úton járnak, bár jó környezetben nőttek fel, és olyanok is, akik leküzdik a kedvezőtlen környezetüket, és sikeresek és jószívűek. De hány embert nőhetett fel jó környezetben, és kaphatott jó oktatást, és tehetett erőfeszítéseket azért, hogy jó életet éljen?

Ha jó embereket akarunk megnézni példaként, megnézhetjük Szűz Máriát, aki megszülte Jézust, és a férjét, Józsefet. Amikor József megtudta, hogy Mária teherbe esett, bár nem osztotta meg vele az ágyát, mit csinált? Az akkori törvény értelmében a házasságtörést elkövető személyt halálra kellett volna kövezni. József azonban nem hozta nyilvánosságra a történteket. Csendesen fel akarta bondani az eljegyzését. Milyen jó szíve volt!

A másik oldalon, egy gonosz ember példája lenne Absalom. Amikor a féltestvére, Amnon megsértette a húgát, a szívében elhatározta, hogy bosszút áll. Amikor eljött a megfelelő idő, Absalom megölte Amnont. Felháborodott az édesapja, Dávid ellen emiatt. Végül lázadást indított az apja ellen. Mindez a gonoszság Absalom életének a tragikus végét jelentette.

Ezért a Máté 12:35 ezt tartalmazza: "A jó ember az ő szívének jó kincseiből hozza elő a jókat; és a gonosz ember az ő szívének gonosz kincseiből hozza elő a gonoszokat." Sok emberben, ahogy felnő, a szándékától függetlenül a gonosz elültethető. Hosszú idővel ezelőtt, bár nem volt nagyon gyakori, voltak olyan emberek, akik hajlandóak voltak meghalni az országukért és népükért. Azonban ma nagyon nehéz ilyen embereket találni. Annak ellenére, hogy a gonoszság befesti őket, sokan még csak nem is tudják, mi a gonosz, és azt hiszik, hogy igazuk van.

Miért ér utol bennünket Isten ítélete

Hogyha megnézzük, azt amit a Biblia leír, és az emberiség történelmét, amikor a bűnök túlmentek egy bizonyos határon, akkor Isten komoly ítélete utolérte az embereket. Három fő kategóriát állapíthatunk meg Isten ítéleteiben.

Amikor a Isten ítélete a hitetlenekre hull, egy teljes nemzetre vagy egy személyre eshet. Vannak olyan esetek, amikor az Isten ítélete a saját népére esik. Amikor egy teljes nemzet követ el bűnöket, amelyek az emberség etikáján túl mennek, egy nagy megpróbáltatás éri utol az egész nemzetet. Hogyha egy ember elkövet egy olyan bunt, ami ítéletet érdemel, akkor Isten tönkre teszi őt. Amikor Isten népe rosszat cselekszik, megfegyelmezi őket. Isten szereti a népét, és megengedi az erőpróbákat és a megpróbáltatásokat, hogy utolérjék őket, hogy tanulhassanak a hibáikból, is megszüntethessék őket.

Isten, a Teremtő, nemcsak hogy a világ összes népét irányítja, hanem Ő az a bíró is, aki megengedi, hogy azt arassuk le, amit elvetettünk. A múltban az emberek nem ismerték Istent. Hogyha jó szívvel Istent keresték, vagy megpróbáltak az igazságosságban élni, akkor Isten néha feltárta magát az álmaikban, és a tudtukra adta, hogy él.

Nebukadnezár király a babiloniai birodalomban nem hitt Istenben, azonban egy álmában Isten feltárta előtte az eseményeket, amelyek bekövetkeznek majd a jövőben Nem ismerte Istent, de elég nagyszívű volt ahhoz, hogy az elfogottak közül észrevegye, hogy kik az elit tagjai. Megtanította nekik a babilóniai civilizációt, és a birodalomban kulcspozícióba nevezte ki őket. Azért tette, mert a szíve egyik részében elismerte, hogy létezik egy magasztos Isten. Tehát akkor is, ha valaki nem ismeri Istent, de a szívét meg akarja javítani, jobbá tenni, Isten megtalálja a módját, hogy feltárja neki, hogy Ő az igaz Isten, és megjutalmazza ezt az embert a cselekedetei szerint.

Általában, ha a hitetlenek gonoszul cselekszenek, akkor Isten nem fogja megfegyelmezni őket, kivéve, ha valami nagyon komoly rosszat tesznek. Ez azért van, mert nem is tudják, mi a bűn, és semmi közük sincs Hozzá. Olyanok, mint a törvénytelen gyerekek lelki értelemben. Végül a pokolba kerülnek, és Ő már elítélte őket. Természetesen, ha a bűneik elérik a határt, és másoknak nagy kárt okoznak, és gonoszságuk átlépi az emberiesség határát, még akkor is, ha nincs semmi közük Hozzá, Isten nem fogja elviselni őket. Ez azért van, mert Isten az a bíró, aki az egész emberiség jóságát és gonoszságát elbírálja.

A Cselekedetek 12:23 ezt tartalmazza: "És azonnal megveré őt az Úrnak angyala, azért, hogy nem az Istennek adá a dicsőséget; és a férgektől megemésztetvén, meghala." Heródes király egy hitetlen volt, aki megölte Jakabot, Jézus tizenkét tanítványának egyikét. Bebörtönözte Pétert is. Amikor már olyan büszke volt, mintha Isten lenne, Isten megverte, és a férgek ették, végül meghalt. Még ha valaki nem is ismeri Istent, ha a bűne meghalad egy bizonyos határt, akkor ilyen ítéletet kap.

Mi a helyzet a hívők esetében? Amikor az izraeliták bálványokat imádtak, elhagyták Istent, és mindenféle gonoszt elkövettek, Isten nem csak elhagyta őket úgy, ahogy voltak. Megdorgálta őket, és egy prófétán keresztül tanította őket, és ha még mindig nem hallgatták meg Őt, megbüntette őket, hogy elforduljanak az útjukról.

Ez olyan, mint a Zsidók 12:5-6-ban: "Fiam, ne vesd meg az Úrnak fenyítését, se meg ne lankadj, ha ő dorgál téged; Mert akit szeret az Úr, megdorgálja, megostoroz pedig mindent, akit fiává fogad." Isten beavatkozik, amikor a szerető gyermekei tévednek a tetteikkel. Felháborodik, és fegyelmezi őket, hogy tartsanak bűnbánatot, térjenek meg, és áldott életet élvezzenek.

* Mivel az ember gonoszsága nagy volt

Az Isten ítélete azért jött a földre, mert az emberiség gonoszsága nagy volt (1 Mózes 6:5). Tehát, hogyan néz ki a világ, amikor az ember gonoszsága nagy?

Először is, ott van az az eset, amikor az emberek, mint egy egész nemzet, felhalmozzák a gonoszságot. Az emberek eggyé válhatnak egy nemzet képviselőjével, az elnökkel vagy miniszterelnökkel, és bűnöket halmozhatnak fel. Kiváló példa a hírhedt náci Németország és a holokauszt. Németország egész országa Hitlerrel együtt dolgozott együtt, hogy megsemmisítse a zsidókat. A gonosz cselekedetük rendkívül kegyetlen volt.

A feljegyzett történelem szerint mintegy hatmillió zsidót, akik Németországban, Ausztriában, Lengyelországban, Magyarországon és Oroszországban éltek, brutális munkával, kínzással, éhezéssel és gyilkossággal, vad módon megöltek. Néhányan gázkamrákban meztelenül haltak meg, némelyiküket a földeken lyukakba ásva, élve eltemetették, és néhányan élő, emberi kísérletalanyokként rettenetes halállal meghaltak. Mi volt Hitler és Németország sorsa, akik ezeket a gonosz cselekedeteket vezényelték? Hitler a saját életét kioltotta, és Németország teljesen elveszett nemzetté vált, állandó, történelmi folttal az ország nevén. Végül az ország két részre, Kelet- és Nyugat-Németországra oszlott. A szörnyű háborús bűncselekményeket elkövetőknek meg kellett változtatniuk a nevüket, és el kellett menekülniük a helyről. Ha elkapták őket, általában megkapták a halálos ítéletüket.

Noé idejének népe is ítéletet kapott. Mivel az emberek abban az időben annyira a bűnben éltek, Isten elhatározta, hogy elpusztítja őket (1 Mózes 6:11-17). Az árvíz napjáig Noé kiabált az eljövendő ítéletről, de végig, meg sem hallgatták. Valójában egészen addig a pillanatig, amikor Noé és családja belépett a bárkába, az emberek még mindig ettek és ittak, férjhez mentek, és elmerültek az örömökben. Noé szerint, még amikor az esőt látták, sem tudták, mi történik (Máté 24:38-39). Ennek eredményeképp minden ember meghalt az árvízben, kivéve Noét és családját (Genesis 7. fejezet).

A Bibliában arról olvasunk, hogy Ábrahám idejében Isten a tűz és a kénkő ítéletét küldte Sodomára és Gomorrára, mert annyira tele voltak bűnnel (Genezis 19. fejezete). Ezen példákon kívül az egész történelem során is láthatjuk, Isten az éhínség, a földrengések és a csapások nagy ítéletét hozta egy nemzet egészére, amikor az teljesen tele volt bűnnel.

Ez után az egyén példáját látjuk, aki megkapja az ítéletet, függetlenül attól, hogy hitt Istenben vagy sem. Ha felhalmozta a gonoszt, a cselekedetei által ítélik meg. Az ember élete megrövidül a saját gonoszsága miatt, vagy a bűne mértékétől függően utolsó napjaiban tragikus véget fog érni. Azonban, csak azért, mert valaki korán meghal, nem jelenti azt, hogy ítéletet kapott. Vannak olyan esetek, mint Pál és Péter, akiket megöltek, bár igazlelkű életet éltek. Az ő haláluk igaz halál volt, így a mennyben úgy ragyognak, mint a nap. Vannak olyan igazságos emberek a múltból, akikre - miután rámutattak egy igazságra a királynál – rákényszerítették, hogy halálos italt igyanak, amely véget vetett az életüknek. Ezekben az esetekben a halál nem a bűn miatti ítélet eredménye, hanem egy igaz halál.

Még a mai világban is, akár egy nemzetről, akár egy egyénről beszélünk, az emberiség bűne nagy. Az emberek többnyire nem hisznek Istenben, mint az egyetlen, igaz Istenben, és eltelnek a saját véleményükkel. Vagy a hamis istenek, bálványok után kutatnak, vagy más dolgokat jobban szeretnek, mint Istent. A házasságkötés előtti szex ma már általánosan elfogadott, és a melegek és a leszbikusok házasságkötésének a legalizálása folyamatosan téma. Nem csak ez, hanem a kábítószerek elterjedtek, a harcok, ellenségeskedések, a gyűlölet és a korrupció mindenhol jelen van.

Van egy leírás a végső időről a Máté 24:12-14-ben: "És mivelhogy a gonoszság megsokasodik, a szeretet sokakban meghidegül. De aki mindvégig állhatatos marad, az idvezül. És az Isten országának ez az evangyélioma hirdettetik majd az egész világon, bizonyságul minden népnek; és akkor jő el a vég."

Ahogyan nem tudod megmondani, hogy a tested mocskos-e, amikor sötétben állsz, mivel ennyi bűn van a világon, az emberek törvénytelenségben élnek, és még nem is tudják, hogy a cselekedeteik törvénytelenek. Mivel a szívük tele van törvénytelenséggel, az igaz szeretet nem költözhet bele. A bizalmatlanság, hűtlenség, és mindenféle szívfájdalom széles körben elterjedt, mert az emberek szeretete kihűlt. Hogyan tudja Isten, aki tökéletes és hibátlan, továbbra is csak nézni ezt? Ha egy szülő szereti a gyermekét, és a gyerek eltévelyedik, akkor mit fog tenni a szülő? A szülő megpróbálja meggyőzni a gyermeket, hogy változtasson, és megszidja őt. De ha a gyermek még mindig nem hallgat rá, a szülő megpróbálja a szíjat alkalmazni, hogy a gyermeket meggyőzze. De ha a gyermek olyan dolgokat tesz, amelyek emberileg elfogadhatatlanok, akkor a szülő kitagadhatja a gyermeket. Ez ugyanígy van a teremtő Istennel. Ha az ember bűne annyira nagy, hogy nem különbözik az állatoktól, Isten nem tud mást tenni, mint az ítéletével lesújtani rá.

* Mivel a szív gondolata gonosz

Amikor Isten ítélkezik, nem csak azért gyászol, mert a világon a bűn olyan nagymértékű, hanem azért is, mert az ember gondolata gonosz. A megkeményedett szívű ember tele van gonosz gondolatokkal. Mohó, és mindig arra törekszik, hogy hasznot húzzon magának, és nem áll le addig, amíg meggazdagodik, és folyamatosan gonosz gondolatokkal van tele. Ez egy nemzetre és egy magánszemélyre is igaz. Még a hívőkre is igaz. Annak ellenére, hogy valaki azt vallja, hogy hisz Istenben, ha Isten Igéjét csak tudásként tárolja, és nem ösztönzi őt cselekvésre, továbbra is csak a saját maga hasznát akarja elérni, így csak gonosz gondolatai lesznek.

Miért imádjuk Istent, és hallgatjuk az Ő Igéjét? Azért, hogy az Akaratának megfelelően cselekedjünk, és olyan igazságos emberré váljunk, amilyent Isten akar. Olyan sokan vannak, akik így kiáltanak: "Uram, Uram!" Mégsem élnek az Ő akaratának megfelelően. Nem számít, mennyi munkát valósítottak meg állításuk szerint Istenért, mivel a szívük gonosz, ítéletet kapnak, és nem mehetnek be a mennyországba (Máté 7:21). Isten parancsainak és törvényeinek a be nem tartása bűnnek számít, a hit cselekvés nélkül halott hitet jelent, így az ilyen emberek nem kaphatják meg az üdvösséget.

Ha meghallgattuk Isten Igéjét, meg kell szabadulnunk a gonosztól, és ennek megfelelően kell cselekednünk. Aztán, ahogy a lelkünk boldogul, minden tekintetben boldogulni fogunk, és megkapjuk az egészség áldását is. Tehát a betegségek, kísérletek és nehézségek nem fognak jönni. Még ha jönnek is, minden együtt dolgozik értünk, és inkább áldásokká változnak.

Amikor Jézus eljött erre a világra, az olyan emberek, mint a jószívű pásztorok, Anna, a próféta, Simon és mások, felismerték a kisbaba Jézust. Azonban a farizeusok és sadduceusok, akik a törvénynek szigorúan engedelmeskedtek, és tanították a törvényt, nem ismerték fel Jézust. Ha Isten Igéjében elmerültek volna, akkor a jóság a szívükben lett volna, és képesek lettek volna felismerni Jézust, és elfogadni Őt. De anélkül, hogy megváltoztak volna a szívük legmélyéig, hűvösek voltak, és csak arra koncentráltak, hogy kívülről szentnek tűnjenek. Ezért a szívük megromlott, és nem értették Isten akaratát, és nem tudták felismerni Jézust. Tehát attól függően, hogy mekkora a jóság és a gonoszság a szívedben, az eredmények nagyban különböznek egymástól.

Isten Igéje nem magyarázható meg egyszerű és világos nyelven kizárólag az emberi tudás segítségével. Néhányan azt mondják, hogy a Biblia pontos értelmének megismerése érdekében héberül és görögül kell tanulni, és az eredeti szöveget kell értelmezni. Akkor: miért nem értették meg egyértelműen a bibliai világot a farizeusok, a szadduceusok és a főpapok, hiszen a saját héber nyelvükön rögzítették azt, és miért nem ismerték fel Jézust? Ez azért van, mert az Isten Igéjét a Szentlélek ihletésével rögzítik, és csak akkor lehet egyértelműen megérteni, ha az imádság által valakit megihlet a Szentlélek. A Bibliát nem lehet egyszerűen irodalmi eszközökkel értelmezni.

Ezért, ha a szívünkben valótlanság vagy a test kívánsága lakozik, vagy a szemek vágya, vagy az élet büszke büszkesége, akkor nem tudjuk felfedezni Isten akaratát, és nem is tudunk cselekedni. Az emberek a mai korban annyira rosszak, hogy nem akarnak hinni Istenben. Ezenkívül: még ha azt is állítják, hogy hisznek Istenben, még mindig hamisan cselekednek. Összességében nem cselekszenek Isten akarata szerint. Így tudhatjuk, hogy Isten ítélete közel van.

* Mert a szív minden szándéka mindig gonosz

Az ok, amiért Istennek ítélkeznie kell az, hogy az ember szívének minden szándéka, mindig gonosz. Amikor gonosz gondolataink vannak, az ilyen gondolatokból származó tervek gonoszak, és ezek a gondolatok végső soron gonosz cselekményeket eredményeznek. Gondolj arra, mennyi gonosz tervezés folyik a mai társadalomban.

Olyan embereket látunk, akik kulcsfontosságú vezetői pozícióban nagy pénzösszegeket mozgatnak, vagy háttérpénzeket hoznak létre, és éles veszekedésekbe és harcokba bocsátkoznak. A nyilvános vitákba, a katonai és a különböző, más botrányokba való keveredés nagyon elterjedt. Vannak olyan gyermekek, akik a szüleiket meggyilkolják, hogy birtokba vegyék a családi vagyont, és vannak olyan fiatalok, akik mindenfajta gonosz tervet kitervelnek, hogy pénzt keressenek a pazarlásukra. Még a kisgyermekek is gonosz terveket készítenek elő. Annak érdekében, hogy pénzt kapjanak, hogy az árkádhoz mehessenek vásárolni valamit, amit nagyon akarnak, hazudnak a szüleiknek, vagy meglopják őket. És, mivel mindenki annyira elfoglalt, mert saját magát meg akarja ajándékozni, a szív minden szándéka és minden cselekedete csak gonosz lehet. Amikor a civilizáció a materialista dolgokban nagyot fejlődik, a társadalom gyorsan a dekadens és örömöket hajszoló kultúrába süllyed. Pontosan ez történik ma is, csakúgy, mint Noé idején, amikor a bűn elérte a teljes mértékét a világon.

Isten ítéletének elkerülése érdekében

Azok, akik szeretik Istent, és azok, akik lelkileg ébren vannak, azt mondják, hogy az Úr visszatérése nagyon közel van. És ahogy a Bibliában is fel van jegyezve, a végső idők jelei, amelyekről az Úr beszélt, nagyon világosan kezdenek megjelenni. Még a nem hívők is azt mondják, hogy a végső időkben vagyunk. A Prédikátor 12:14 azt mondja: "Mert minden cselekedetet az Isten ítéletre előhoz, minden titkos dologgal, akár jó, akár gonosz legyen az." Ezért tudnunk kell, hogy a vég közeledik, és a bűn ellen kell küzdenünk egészen addig a pontig, amíg a vérünk folyik, és ki kell dobjuk magunkból a gonosz minden formáját, és igazlelkűvé kell hogy váljunk.

Azok, akik elfogadják Jézus Krisztust, és akik nevét a Mennyei Élet könyvébe beírták, örök életet kapnak, és örök áldásokat élveznek. Megjutalmazzák őket a cselekedeteiknek megfelelően, így vannak olyanok, akik napfényes pozíciókban vannak, és olyanok is, akik olyan fényes pozíciókba kerülnek, mint a hold vagy a csillagok. Másrészt a Nagy Fehér Trón Ítélete után azok, akiknek a szívüknek a gondolata gonosz volt, és akinek minden szándéka gonosz volt, valamint aki nem volt hajlandó elfogadni Jézus Krisztust, és nem hitt Istenben, örökké szenvednek a Pokolban

Tehát, ha el akarjuk kerülni Isten ítéletét, amint azt a Rómaiak 12:2-ben rögzítették, nem szabad megalkudnunk a világgal, amely tele van mindenféle korrupcióval és bűnnel. Meg kell újítanunk a szívünket, és át kell alakítanunk annak érdekében, hogy megfejtsük, mi Isten jó, kellemes és tökéletes Akarata, és ennek megfelelően járjunk el. Ahogy Pál vallotta: "Naponta meghalok," alá kell rendelnünk magunkat Krisztusnak, és Isten Igéje szerint kell élnünk. Így a lelkünk boldogulni fog, hogy mindig jó gondolataink legyenek, és jóságból cselekedjünk. Ez után minden tekintetben boldogulni fogunk az életünkben, és jó egészségben leszünk, és végül élvezzük az örök áldásokat a mennyországban.

13. fejezet

Miért emelitek azért fel magatokat az Úr gyülekezete fölé?

"Kóré pedig az Ichár fia, aki a Lévi fiának, Kéhátnak fia vala; és Dáthán és Abirám, Eliábnak fiai; és On, a Péleth fia, akik Rúben fiai valának, fogták magokat; És támadának Mózes ellen, és velök Izráel fiai közül kétszáz és ötven ember, akik a gyülekezetnek fejedelmei valának, tanácsbeli híres neves emberek. És gyülekezének Mózes ellen és Áron ellen, és mondának nékik: Sokat tulajdonítotok magatoknak, holott az egész gyülekezet, ezek mindnyájan szentek, és közöttük van az Úr: miért emelitek azért fel magatokat az Úr gyülekezete fölé?"
(Mózes 4:16:1-3)

"És lőn, amint elvégezé mind e beszédeket, meghasada a föld alattok. És megnyitá a föld az ő száját, és elnyelé őket és az ő háznépeiket: és minden embert, akik Kórééi valának, és minden jószágukat. És alászállának azok és mindaz, ami az övék, elevenen a pokolra: és befedezé őket a föld, és elveszének a község közül. Az Izráeliták pedig, akik körülöttök valának, mind elfutának azoknak kiáltására; mert azt mondják vala: netalán elnyel minket a föld! És tűz jöve ki az Úrtól, és megemészté ama kétszáz és ötven férfiút, akik füstölő szerekkel áldoznak vala."
(Mózes 4:16:31-35)

Ha engedelmeskedünk az Igének, megtartjuk az Ő rendeleteit, és az igazságban járunk, akkor áldásokat kapunk, amikor bejövünk és amikor kimegyünk. Életünk minden területén áldásokat kapunk. Ellenkezőleg, ha nem engedelmeskedünk, hanem Isten akaratával szembeállunk, akkor az ítélet utolér minket. Tehát Isten igaz gyermekévé kell válnunk, aki szereti Őt, engedelmeskedik az Akaratának teljes szívvel, és az Ő szabályai szerint jár el.

Az ítélet akkor jön, amikor Isten akarata ellen állunk

Egyszer volt egy férfi, aki jogosan háborodott fel. Néhány elvtársával együtt egy nagy forradalmat tervezett, hogy segítsen az országuknak. Ahogy a forradalom napja közeledett, az elvtársak akarata egyre erősödött. De az egyik elvtársuk árulása miatt az egész tervük, hogy megmentik az országot, teljes mértékben meghiúsult. Milyen szomorú és tragikus, amikor az egyik személy hibája sok ember jó akaratát megakadályozza!

Egy szegény férfi és nő összeházasodott. Sok éven át mindketten spórolták a pénzüket. Végül földet vettek maguknak, és elkezdtek kényelmes életet élni. Aztán hirtelen a férj szerencsejátékra és ivásra váltott, és minden, nehezen megszerzett tulajdonukat kockáztatta. El tudod képzelni, milyen nagy volt a feleség fájdalma?

Az emberek közötti kapcsolatokban láthatjuk, hogy milyen tragédiák lépnek fel, amikor egymás akarata ellenében cselekszenek. Tehát mi történne, ha valaki úgy döntene, hogy ellenkezik Isten, a világegyetem Teremtőjének akaratával?

Amikor elolvasod a Számok 16:1-3 könyvét, van egy incidens, amelyben Kóré, Dáthán és On, valamint a gyülekezet 250 híres vezetője Isten akaratával szembe keltek. Mózes volt a vezetőjük, akit Isten választott nekik. Mózessel közösen Izrael fiainak egy elmévé kellett volna válniuk, hogy leküzdjék a pusztában a nehéz életet, és bejuthassanak Kanaán földjére. De közbejött ez a fájdalmas esemény.

Ennek eredményeképpen Kórét, Dáthánt és Ont a családjaikkal együtt elevenen eltemették, amikor a föld alattuk megnyílt, és elnyelte őket. A gyülekezet 250 vezetőjét is megsemmisítette az Úr tüze. Miért történt ez? Az Isten által kiválasztott vezető ellen állni ugyanaz, mint az Istennel szemben állni.

Még a mindennapi életünkben is gyakran előfordulnak az Istent ellen tett lépések. Bár a Szentlélek sürgeti a szívünket, csak ellenkezünk, ha az akarata nem egyezik a saját gondolatainkkal és vágyainkkal. Minél többet cselekszünk a saját - és nem az Ő - gondolatai szerint, annál inkább ellenezzük Isten akaratát. Idővel nem fogjuk hallani a Szentlélek hangját. Mivel a saját akaratunk szerint járunk el, nehézségekbe ütközünk.

Azok, akik ellenkeznek Isten akaratával

A Számok 12. fejezetében van egy olyan jelenet, ahol Mózes testvére, Áron, és a huga, Mirjám Mózes ellen szóltak, mert egy kusita nőt vett feleségül. Vádolják őt, mondván: "Avagy csak Mózes által szólott-é az Úr? avagy nem szólott-é mi általunk is? És meghallá az Úr." (2. vers) Azonnal Isten haragja jött Áronra és Mirjámra, és Mirjám leprás lett.

Isten megdorgálta mindkettőt, mondván: "Ha valaki az Úr prófétája közöttetek, én megjelenek annak látásban, vagy álomban szólok azzal. Nem így az én szolgámmal, Mózessel, aki az én egész házamban hív. Szemtől szembe szólok ő vele, és nyilvánvaló látásban; nem homályos beszédek által, hanem az Úrnak hasonlatosságát látja. Miért nem féltetek hát szólani az én szolgám ellen, Mózes ellen?" (6-8. vers).

Lássuk tehát, mit jelent az Isten akarata ellen menni, megnézve néhány példát a Bibliából.

1) Az izraeliták bálványokat imádtak

Izráel fiai a saját szemükkel látták a tíz csapást, amely Egyiptomra esett, és azt is, hogy a Vörös-tenger előttük kettészakadt. Olyan sokféle jelet és csodát tapasztaltak, hogy tudniuk kellett, hogy Isten az élő Isten. De mit tettek, miközben Mózes felment a hegyre a negyven napos böjtre, hogy megkapja a Tízparancsolatot Istentől? Építettek egy aranyborjút, és azt imádták. Isten kiválasztotta Izraelt, mint választott népet, és megtanította őkőket, hogy ne imádják a bálványokat. De Isten akaratával szemben cselekedtek, aminek következtében mintegy háromezer ember meghalt (Exodus 32. fejezete).

És az 1 Krónika 5:25-26-ban ezt olvassuk: "Vétkezének pedig az ő atyjoknak Istene ellen; mert a föld lakóinak bálványisteneivel paráználkodának, akiket az Isten szemök elől elpusztított. Felindítá azért az Izráel Istene Pulnak, az Assiriabeli királynak szívét és Tiglát-Pilésernek, az assiriai királynak szívét, és fogva elvivé őket, a Rúbenitákat, a Gáditákat és a Manasse félnemzetségét is; és elvivé őket Haláhba és Háborba, Hárába és a Gózán folyóvizéhez mind e mai napig." Mivel az izraeliták szajhát játszottak, Kanaán földjének isteneit imádva, Isten megindította Asszíria királyának szívét, hogy pusztítsa el Izraelt, és sokakat fogságba vessen. Az izraeliek Isten elleni cselekedete okozta ezt a katasztrófát.

Az ok, amiért Izrael északi királyságát Aszíria, és Júda déli királyságát Babilon elpusztította, szintén a bálványimádat.

Napjainkban ez olyan, mint az aranyból, ezüstből, bronzból készült bálványok imádása. Ugyanez a helyzet azon embereknél is, akik a sertés főtt fejét az asztalra rakják, és az elhunyt őseik szelleme előtt meghajolnak. Milyen szörnyű jelenet, amikor az ember - mint a teremtmény legmagasabbika - meghajol egy halott disznó előtt, és áldásokat kér!

Az Exodus 20:4-5-ben Isten ezt a parancsolatot adja: "Ne csinálj magadnak faragott képet, és semmi hasonlót azokhoz, amelyek fenn az égben, vagy amelyek alant a földön, vagy amelyek a vizekben a föld alatt vannak. Ne imádd és ne tiszteld azokat; mert én, az Úr a te Istened, féltőn-szerető Isten vagyok, aki megbüntetem az atyák vétkét a fiakban, harmad és negyediziglen, akik engem gyűlölnek." Azt is kijelentette, milyen áldásokat kapnak, ha beírják a parancsolatokat a szívükbe és megtartják őket. Ezt mondta: "Én, az Úr a te Istened, féltőn-szerető Isten vagyok, aki megbüntetem az atyák vétkét a fiakban, harmad és negyediziglen, akik engem gyűlölnek. De irgalmasságot cselekszem ezeriziglen azokkal, akik engem szeretnek, és az én parancsolatimat megtartják."

Ezért, ha körülnézünk, láthatjuk, hogy a bálványimádó családok sok és különböző szenvedést tapasztalnak. Egy napon egy egyháztag, aki meghajolt egy bálvány előtt, nehézséget tapasztalt. A szája, amely korábban teljesen normális volt, annyira eltorzult és deformálódott, hogy nem tudott rendesen beszélni. Amikor megkérdeztem tőle, mi történt, elmondta nekem, hogy a szabadsága alatt meglátogatta a családját, és nem tudta leküzdeni a nyomást, hogy hagyományosan áldozzon az ősei előtt, megadta magát, és meghajolt. Másnap a szája oldalra csavarodott. Szerencsére teljes mértékben megbánta tettét Isten előtt, és imádkozott. A szája meggyógyult és visszatért a normális állapotba. Isten elvezette őt az üdvösség útjára azzal, hogy megtanította neki a leckét, hogy a bálványimádás a pusztítás egyik módja.

2) A fáraó megtagadta az izraeliták elengedését

Az Exodus 7-12. fejezetében Izrael fiai, akik egyiptomi rabszolgák voltak, megpróbálták elhagyni Egyiptomot Mózes vezetése alatt. De a fáraó nem engedte el őket, ezért nagy szerencsétlenség érte a fáraót és Egyiptomot. Isten a Teremtő az emberiség életének és halálának szerzője, ezért senki sem tud ellenkezni az akaratával. Isten akarata Izráel népének kivonulása volt. De a fáraó, akinek a szíve megkeményedett, meghiúsította Isten akaratát.

Ezért Isten tíz csapást küldött Egyiptomra. Az egész nemzet szétszakadt. Végül a fáraó vonakodva elengedte Izráel fiait, de a szívében harag volt. Újra meggondolta a dolgot, és elküldte a hadseregét, hogy utánuk menjen, még a Vörös-tengerbe is, amely kettévált. Végül az egész egyiptomi hadsereg, amely követte őket, belefulladt a Vörös-tengerbe. A fáraó elkeseredett véget ért Isten akaratával, így az ítélet utolérte. Isten többször is megmutatta neki, hogy Ő az élő Isten, ezért a fáraónak be kellett volna látnia, hogy Isten az Egyetlen és igaz Isten. Engedelmeskednie kellett volna az akaratának. Még emberi normák szerint is, az izraeliták szabadon engedése a helyes dolog volt.

Egy nemzet, ha egy másik nemzetből rabszolgát csinál, helytelen. Egyiptom képes volt elkerülni a nagy éhínséget József, Jákób fia miatt. Annak ellenére, hogy 400 év telt el, a történelmi igazság az volt, hogy Egyiptom tartozott Izraelnek, amiért nemzetként megmentette. Ahelyett, hogy visszafizette volna Izraelnek a kegyelmet, melyet kapott, Egyiptom rabszolgaként kezelte őket. Mennyire gonosz volt ez! A fáraó, akinek abszolút hatalma volt, büszke volt, tele kapzsisággal. Ezért harcolt végig Isten ellen, és a végső ítéletét megkapta.

Ma is vannak ilyen emberek a társadalomban, és a Biblia figyelmeztet, hogy az ítélet vár rájuk. A pusztítás várja azokat, akik a saját tudásuk és büszkeségük miatt nem hisznek Istenben, és azok, akik ostoba módon megkérdezik: "Hol van Isten?"

Még ha el is ismerik, hogy hisznek Istenben, ha elhanyagolják Isten parancsolatait a saját szeszélyeik és makacsságuk miatt, ha ellenségeskednek vagy keserűek másokkal, vagy ha egyházi vezetők, akik azt állítják, hogy keményen dolgoznak Isten országáért, és mégis: a féltékenységük vagy kapzsiságuk miatt idegesítik és irritálják a körülöttük lévőket, nem különböznek a Fáraótól.

Tudva, hogy Isten akarata számunkra az, hogy a Fényben éljünk, ha továbbra is a sötétségben élünk, ugyanazokat a szenvedéseket fogjuk megtapasztalni, mint a hitetlenek. Ez azért van, mert Isten folyamatosan figyelmezteti az embereket, de nem hallgatnak Rá, és Isten akarata ellen a világ felé fordulnak.

Ellenkező esetben, ha valaki igazságosan él, a szíve tisztává válik, és elkezdi utánozni Isten szívét, ezért az ellenséges ördög elhagyja. Nem számít, milyen súlyos betegségben szenved, vagy milyen megpróbáltatásokkal és nehézségekkel találkozhat, ha továbbra is Isten igazságossága mellett cselekszik, erős és egészséges lesz, és minden erőpróba és megpróbáltatás megszűnik számára. Ha egy ház piszkos, csótányok, egerek és mindenféle piszkos kártevők lepik el. De ha a házat megtisztítják és kifertőtlenítik, a kártevők már nem élhetnek benne, és eltűnnek. Ugyanaz ez is.

Amikor Isten megátkozta a kígyót, amely megkísértette az embert, azt mondta, hogy "Mivelhogy ezt cselekedted, átkozott légy minden barom és minden mezei vad között; hasadon járj, és port egyél életed minden napjaiban." (1 Mózes 3:14). Ez nem jelenti azt, hogy a kígyó a földön lévő port eszi meg. A szellemi szerint Isten azt mondja az ellenséges ördögnek, amely felbujtotta a kígyót, hogy egye meg az ember húsát, aki a porból lett. Lelkileg a "hús" valami, ami változik és elpusztul. Ez azt jelenti, hogy a hamisság a halálba vezet.

Így az ellenséges ördög kísértéseket, megpróbáltatásokat és szenvedéseket okoz a húsembereknek, akik a hamisságban vétkeznek, végül pedig a halál útjára vezeti őket. Az ellenség azonban nem kerülhet olyan szent emberek közé, akik bűnök nélkül és Isten Igéje szerint élnek. Ezért, ha igazságosságban élünk, akkor a betegségek, erőpróbák és megpróbáltatások természetes módon kerülnek el bennünket.

A Józsué 2. fejezetében van egy olyan személy, aki ellentétben a fáraóval pogány volt, de segített betölteni Isten akaratát, és ennek eredményeképpen áldásokat kapott. Ez a személy egy Rahab nevű nő volt, aki Jerikóban élt az Exodus idején. Miután kijöttek Egyiptomból, és 40 évig vándoroltak a vadonban, az izraeliták átkeltek a Jordán folyón. Letáboroztk, és azonnal meg akarták támadni Jerikót. Raháb nem volt izraelita, de hallott róluk már. Rájött, hogy az Úr Isten, aki az egész világegyetem ura volt, Izrael népével volt. Azt is tudta, hogy ez az Isten nem olyan fajta istenség, aki ok nélkül vagy könyörtelenül ölne. Mivel Raháb tudta, hogy az Úr Isten az igazság Istene, védte az izraelita kémeket azáltal, hogy elrejtette őket. Mivel Raháb tudta Isten akaratát, és segített végrehajtani az Ő Akaratát, ő és az egész családja megmenekült, mikor Jerikó elpusztult. Mi is meg kell hogy valósítsuk Isten akaratát, hogy lelki életet élhessünk, amelyben megoldást találhatunk a különböző problémákra, és fogadhatjuk az imáinkra adott válaszokat.

3) Eli a pap és fiai elszakadnak Isten parancsolatától

Az 1 Sámuel 2. fejezetében látjuk, hogy Eli pap fiai törvénykerülők voltak, hozzányúltak az ételáldozathoz, és még azokkal a nőkkel is együtt háltak, akik az összejövetel sátorának ajtajában szolgáltak. Apjuk, Eli a pap egyszerűen megszidta őket a szavaival, és nem tett semmilyen lépést annak érdekében, hogy véget vessen a rossznak, amit cselekedtek. Végül a fiait a filiszteusok ellen folytatott háborúban megölték, Eli a pap pedig kitörte a nyakát, és meghalt, amikor a székén ülve meghallotta ezt a hírt, és leesett. Eli a bűne miatt halt meg, mert nem tanította megfelelően a fiait.

Ugyanez érvényes ma is. Ha olyan embereket látunk körülöttünk, akik házasságtörést követnek el a testben élve, vagy akik eltérnek az Isten rendjétől, és elfogadjuk őket anélkül, hogy megfelelően tanítanánk őket, mi a helyes vagy rossz, akkor nem különbözünk Eli paptól. Meg kell nézzük magunkat és látnunk kell, hogy nem vagyunk-e olyanok, mint Eli és az ő fiai, bármilyen módon.

Ugyanez vonatkozik tizedre és a hálaadásra szánt áldozatra is, melyet Istennek szántak, de személyes használatra fordít valaki. Ha nem adunk teljes tizedet és áldozatot, olyan, mintha Istentől lopnánk, ezért átok esik a családunkra vagy a nemzetünkre (Malakiás 3:8-9). Továbbá, bármit, amit Istennek felajánlottak, nem szabad másra cserélni. Ha már eldöntötted szívedben, hogy felajánlasz valamit Istennek, akkor végre kell hajtanod. És ha valami jobbra akarnád cserélni, mindkét tárgyat fel kell ajánlanod.

Ezen kívül nem helyénvaló, ha a gyülekezet vagy egy sejtcsoport vezetője a gyülekezeti tagok tagdíját úgy használja fel, ahogy akarja. Az egyházi alapok a rendeltetéstől eltérő célra való felhasználása, vagy egy adott eseményre elkülönített pénz más célra való felhasználása az "Istentől való lopás" kategóriájába tartozik. Ráadásul a kezed Isten kincstárára való rakása lopás, mint Iskarióti Júdás tette. Ha valaki ellopja Isten pénzét, akkor nagyobb bűnt követ el, mint Eli fiainak bűnei, és nem fognak megbocsátani neki. Ha valaki ezt a bűnt követte el, mert nem tudott jobbat cselekedni, akkor be kell vallania azt, és teljesen megbánnia a bűnét, valamint soha többé nem követheti el. Az embereket az ilyen típusú bűnök miatt elátkozzák. Tragikus incidensek, balesetek és betegségek jönnek az életükbe, és a hit sem adható már meg nekik.

4) A fiatal fiúk, akik Elizeust kinevették, és más hasonló esetek

Elizeus hatalmas szolgája volt Istennek, aki kommunikált Vele, és akit Ő biztatott. De a 2. Királyok 2. fejezetében találkozunk egy olyan jelenettel, ahol nagyszámú fiatalok egy csoportja Elizeust követte és kicsúfolta. Annyira gonoszak voltak, hogy követték őt a városon belülről egészen ki a városból, ezt kiabálva: "Jőjj fel, kopasz, jőjj fel, kopasz!" Végül Elizeus nem tudta többé tűrni, és elátkozta őket az Úr nevében, mire két női medve jött ki az erdőből, és negyvenkettőt közülük felfalt. Mivel a Biblia arról számol be, hogy negyvenkét ember halt meg, arra következtethetünk, hogy az Elizeust zavaró gyerekek összlétszáma ennél sokkal nagyobb volt.

Azok az átkok és áldások, amelyek egy Isten által biztatott szolgától származnak, pontosan úgy fognak megtörténni, ahogyan kimondják őket. Különösen, ha Isten emberét rágalmazod, vagy pletykálsz róla, olyan, mintha rágalmaznád Istent, és gúnyolódnál Vele. Ezért egyenértékű azzal, hogy szembemész Isten akaratával.

Mi történt azokkal a zsidókkal, akik Jézust keresztre feszítették, és azt kiabálták, hogy a Vére legyen önmagukkal és a leszármazottaikkal? I.e. 70-ben Jeruzsálemet teljesen elpusztította Titus római tábornok és hadserege. A zsidók száma ebben az időben 1,1 millió volt. Ezt követően a zsidók szétoszlottak az egész világon, és mindenféle megaláztatást és üldözést kellett elszenvedniük. Aztán ismét hatmilliót öltek meg belőlük a nácik vezetésével. Amint láthatjuk, a lázadás és az Isten akaratával szembeni fellépés óriási következményekkel jár.

Elizeus szolgája, Gehazi hasonló helyzetben volt. Illés tanítványaként, aki a tűz segítségével kapott választ, Elizeus kétszer megkapta az inspirációt a tanítójától. Csak az, hogy egy olyan mestert szolgálhatott, mint Elizeus, nagy áldás volt számára. Gehazi személyesen tanúja volt sok jelnek, melyeket Elizeus kinyilvánított. Ha Elizeus szavainak engedelmeskedett volna, és jól fogadta volna a tanítását, valószínűleg nagy erőt és áldást kapott volna. Sajnos, Gehazi nem tudta ezt megtenni.

Volt idő, amikor Isten hatalma által, Elizeus meggyógyított egy arami hadseregből lévő tábornokot, Námánt, aki leprás volt. Námán annyira meghatódott, hogy nagyszerű ajándékot akart adni Elizeusnak. Azonban Elizeus egyértelműen elutasította. Azért tette, mert nem elfogadni az ajándékot még inkább dicsőítette Istent.

Nem megértve mestere akaratát, és a materializmustól elvakulva, Gehazi követte Námán tábornokot, hazudott neki, és elfogadta az ajándékait. Magával vitte az ajándékokat, és elrejtette őket. Elizeus már tudta, mi történt, ezért adott Gehazinak egy esélyt arra, hogy megbánja a bűnét, de ő cáfolta a vádat, és nem bánta meg a bűnét. Ennek eredményeképpen Námán lepráját Gehazin elkapta. Nemcsak Elizeus akarata elleni, hanem Isten akaratával szembeni cselekvés volt ez.

5) A Szentléleknek hazudni

Az Apostolok 5. fejezetében egy olyan incidensről van szó,

amelyben egy pár, Ananias és Sapphira hazudik Péternek. A korai egyház tagjaként úgy döntöttek, hogy eladják a tulajdonukat, és felajánlják a pénzt Istennek. De amikor megkapták a pénzt a kezükbe, a kapzsiság erőt vet rajtuk. Így csak a pénz egy részét adták oda, és hazudtak, mondván, hogy ennyi az egész. Mindketten meghaltak a cselekedetük miatt. Azért, mert nem csak az embernek, hanem Istennek és a Szentléleknek is hazudtak. Próbára tették az Úr Szellemét.

Több példát is megnéztünk, de ezek mellett számos olyan eset van, amikor az emberek ellenkeznek Isten akaratával. Isten törvénye nem azért létezik, hogy megbüntessen minket, hanem azért, hogy segítsen felismerni a bűneinket, hogy Jézus Krisztus erejében bízva legyőzzük őket, és végül Isten bőséges áldásait megkapjuk. Tehát nézzünk vissza minden cselekedetünkre, hogy lássuk, ellenkezik-e valamelyik Isten akaratával, és ha igen, teljesen meg kell térnünk, és csak Isten akarata szerint kell cselekednünk.

Glossary

Kemence és szalma

A "kemence" egy zárt kamra, amelyben hőt termelnek az épületek melegítésére, elpusztítják a maradványokat, finomítják az érceket, stb. A Bibliában a "kemence" szót Isten megpróbáltatásainak, ítéleteinek, poklának bemutatására használják. Dániel három barátja, Sidrák, Misák és Abednégó nem volt hajlandó lehajolni Nabukodonozor aranyszínű képére, ezért tüzes kemencébe dobták őket. Isten segítségével azonban életben és sérülésmentesen jöttek ki (Dániel 3. fejezet).

A "szalma" a kicsépelt gabona szára, amelyet alomként és állati élelmiszerként használnak, az alátétekhez, valamint szövéshez vagy zsinórozáshoz, kosarakhoz. A Bibliában a "szalma" szimbolikusan valami nagyon jelentéktelen és értéktelen dolgot jelent.

Mi az arrogancia?

Az arrogáns ember nem úgy tekinti másokra, mint önmagára. Ha más emberekre néz, arra gondol: "jobb vagyok, mint ők." Az egyik leggyakoribb körülmény, amikor az ilyen fajta büszkeség egy személynél megjelenik az, amikor egy személy azt hiszi, hogy szeretik és elismeri őt, mint egy szervezet vagy csoport vezetőjét, amelyhez tartozik. Isten néha a bókolással ráveszi az egyént, hogy felfedezhesse, büszke természetű-e. A büszkeség egyik leggyakoribb formája mások megítélése és elítélése. Különös figyelmet kell fordítanunk arra, hogy ne tápláljuk a lelki büszkeségünket, amely alapján az Isten Igéjével másokat megítélünk, mert az igét szigorúan arra kell használni, hogy magunkat megvizsgáljuk. A spirituális büszkeség a gonosz nagyon veszélyes formája, mert nem könnyű felfedezni. Ezért különös gonddal kell eljárnunk, nehogy szellemileg arrogánsak legyünk.

14. fejezet

"Azt mondja a Seregeknek Ura ..."

" 'Mert ímé, eljön a nap, lángoló, mint a sütő-kemence, és olyanná lesz minden kevély és minden gonosztevő, mint a pozdorja, és megégeti őket az eljövendő nap, azt mondja a Seregeknek Ura, amely nem hagy rajtok gyökeret, sem ágat. És feltámad néktek, akik félitek az én nevemet, az igazságnak Napja, és gyógyulás lesz az ő szárnyai alatt, és kimentek és ugrándoztok, mint a hízlalt tulkok. És széttapodjátok a gonoszokat, és porrá lesznek lábaitok nyomása alatt azon a napon, amelyet én szerzek, azt mondja a Seregeknek Ura."
(Malakiás 4:1-3)

Isten minden cselekedetet megítél, minden rejtett dolgot, akár jó, akár gonosz az (Prédikátor 12:14). Láthatjuk, hogy mennyire bizonyos ez a tény, ha megnézzük az emberiség történelmét. A büszke ember a saját nyereségét keresi. Másokat lenéz, és a gonoszságot felgyűjti, hogy nagy vagyona legyen. Azonban a végén pusztítás várja. Ezzel szemben egy alázatos ember, aki Istent tiszteli, ostobának tűnhet, vagy kezdetben nehéz helyzetbe kerül, de végül nagy áldásokat, és minden ember tiszteletét megkapja.

Isten elutasítja a büszkéket

Hasonlíts össze két nőt a Bibliában, Vashtit és Esztert. Vashti királyné Ahasvérus királynak - a Perzsa Birodalom királyának – a felesége, királynője volt.

Egy napon Ahasvérus király bankettet adott, és arra kérte Vashti királynőt, hogy menjen előtte a bankettre. Vashti azonban, aki büszke volt pozíciójára és figyelemre méltó szépségére, visszautasította a király kérését. A király, aki nagyon dühös lett, eltávolította a királynőt a pozíciójából. Miben különbözött Estzer helyzete, aki Vashti után a királynő pozícióba emelkedett?

Eszter, aki a királyné pozíciójára emelkedett, eredetileg zsidó fogoly volt, akit Nabukodonozor király uralkodása alatt hoztak Babilonba. Eszter nemcsak szép volt, hanem bölcs és alázatos is. Egy időben az emberei nagy nehézségekbe ütköztek egy Hamán nevű amalekita miatt. Ekkor Eszter három napot töltött böjttel és imádságban, majd elhatározta, ha kell, elpusztul, és megtisztította magát, felöltözött királyi ruhájába, és alázatosan a király elé állt. Mivel a király és az összes többi ember előtt ilyen alázattal cselekedett, nem csak a király szeretetét és bizalmát kapta meg, hanem képes volt megmenteni a saját embereit, ami nagy feladat volt.

Mivel írva van a jakab 4:6-ban: "Isten a kevélyeknek ellenök áll, az alázatosoknak pedig kegyelmet ád," soha nem szabad büszke emberré válnunk, akit Isten kidob. És ahogy a Malakiás 4:1-ben írták: "olyanná lesz minden kevély és minden gonosztevő, mint a pozdorja," attól függően, hogy az ember a bölcsességét, tudását és hatalmát jó vagy rossz célokra használja-e, az eredmény drasztikusan más lesz. Jó példa erre David és Saul.

Amikor Dávid király lett, első gondolata Istenről szólt, és követte az Akaratát. Dávidot Isten megáldotta, mert alázatosan imádkozott Előtte, bölcsességet kérve, hogy megtudja, hogyan erősítheti meg a nemzetét, és vihetne békét a népének.

Sault azonban utolérte a kapzsiság, és aggódott, hogy elveszíti királyként a helyét, ezért sok időt pocsékolt arra, hogy megpróbálta megölni Dávidot, aki Isten és a népe szeretetét megkapta. Mivel büszke volt, nem vette figyelembe a próféta megrovását. Végül Isten kitagadta őt, és szörnyűséges halált halt egy csata közben.

Mivel tisztán megértjük, hogy az Úr Isten elítéli a büszkeséget, a teljes büszkeségünket meg kell szüntetnünk magunkban. Ha megszabadulunk a büszkeségtől, és alázatossá válunk, Isten örül nekünk, és az imáinkra válaszokat ad. A Példabeszédek 16:5 szerint "Útálatos az Úrnak minden, aki elméjében felfuvalkodott, kezemet adom rá, hogy nem marad büntetetlen." (KJV). Isten annyira gyűlöli a büszke szívet, hogy bárkit, aki a büszke emberrel kezet fog, vele együtt megbünteti. A gonosz emberek hajlamosak a gonoszokkal egy nyájba tartozni, míg a jó emberek hajlamosak a jó emberekkel együtt lenni. A kézfogás is büszkeségből származik.

Hécsia királyának büszkesége

Nézzük meg közelebbről, hogy mennyire gyűlöli Isten a büszkeséget. Izrael királyai közül sokan kezdték az uralmukat

Isten iránti szeretetük jegyében, és engedelmeskedtek az Akaratának, de idővel büszkék lettek, Isten akaratával szembementek, és nem engedelmeskedtek Neki. Ezeknek a királyoknak egyike Ezékiás király, aki Júda déli királyságának 13. királya volt. Ezékiás királyt, aki apja, Acház után lett király, Isten szerette, mert őszinte volt, mint Dávid. Levetette az idegen oltárokat és magaslatokat, és ledöntötte az emlékoszlopokat a teljes nemzeten belül. Teljesen megtisztította minden olyan bálványtól a nemzetét, amelyet Isten gyűlöl, mint az Asherah oszlopok, amelyeket levágatott (2 Krónika 29: 3-30: 27).

Amikor a nemzet politikai nehézségekbe ütközött az előző király tévedései miatt, aki rendetlen és igazságtalan volt, az Istenben való hit és bizalom helyett Ezékiás király szövetséget kötött a közeli országokkal, mint Egyiptom, a Filiszteusok, Sidon, Moáb, és Ammon. Ézsaiás több alkalommal is megszidta Ezékiás királyt, hogy féktelenül cselekedett, az Úr akaratával szembemenve.

A buszkesége miatt Ezékiás király nem hallgatta meg Ézsaiás figyelmeztetéseit. Végül Isten elhagyta Júdát, ezért Sennacherib, Asszíria királya megtámadta és elfoglalta Júdát. Sennacherib király meghódította Júdát, és 200.000 embert elfogott. Amikor Sennacherib király követelte, hogy Ezékiás király óriási kárpótlást fizessen, Ezékiás teljesítette ezeket a követeléseket, úgy, hogy megfosztotta a templomot és a palotát az értékes díszeitől, és kiürítette a nemzeti kincstárat. A Templom tárgyait nem szabad bárkinek csak úgy megérinteni. Mivel Ezékiás ezeket a szent tárgyakat a saját belátása szerint, és a saját túléléséért adta oda, Isten nem tudott mást tenni, mint elfordítani az Arcát tőle.

Amikor Sennacherib továbbra is fenyegette Ezékiást,

miután megkapta a hatalmas javakat, Ezekiás végül rájött, hogy semmit nem képes már tenni a saját erejéből, ezért elment Isten elé és imádkozott, bűnbánatot tartott, és sírt. Ezért Isten irgalmat mutatott neki, és legyőzte Asszíriát. Ugyanezt a leckét megtapasztalhatjuk a családunkban, munkahelyünkön, üzletünkben, a szomszédainkkal és a testvéreinkkel való kapcsolatunkban is. A büszke ember nem kaphat szeretetet, nemhogy segítséget kapna a bajban.

A hívők büszkesége

A démonok nem szállhatnak meg egy olyan embert, aki hisz Istenben, mert Isten megvédi őt. Vannak azonban olyan esetek, amikor a démonok olyan embereket szállnak meg, akik azt állítják, hogy hisznek Istenben. Hogyan történhet ez meg? Isten ellenzi a büszkeséget. Tehát ha valaki büszke, annyira, hogy Isten elfordítja az arcát tőle, a démonok megszállják. Ha valaki lelkileg büszkévé válik, a Sátán a démonokat ráveszi, hogy szálljak meg, kontrollálják őt, és gonosz cselekedeteket kövessen el.

Még ha a megszállás nem is történik meg, ha a hívő lelkileg büszke lesz, megsértheti az igazságot, aminek következtében szomorúvá, lesújtottá válhat. Mivel nem engedelmeskedik Isten Igéjének, Isten nincs vele, és semi nem megy jól az életében. Amint a Példabeszédek 16:18-ban leírták: "A megromlás előtt kevélység jár, és az eset előtt felfuvalkodottság," a büszkeség semmilyen módon nem jótékony. Valójában csak fájdalmat és szenvedést hoz. Tudnunk kell, hogy a lelki büszkeség egy abszolút parazita, és teljesen meg kell szabadulnunk tőle.

Hogyan tudhatják meg a hívők, hogy büszkék-e? A büszke ember úgy gondolja, hogy igaza van, ezért nem veszi figyelembe más emberek kritikáját. Ha nem az Isten Igéje szerint cselekszünk, az is a büszkeség egyik formája, mert azt mutatja, hogy nem tiszteljük Istent. Amikor Dávid megszegte Isten parancsolatát, és vétkezett, Isten rettenetesen megdorgatta őt, mondván: "Megútáltál engem" (2 Sámuel 12:10). Tehát nem imádkozni, nem szeretni, nem engedelmeskedni, és nem látni a gerendát a saját szemünkben, miközben a mások szemében a szálkát is észrevesszük, mind a büszkeség példái.

Másokat lenézni, őket elítélni a saját normáink szerint, önmagunkra büszkélkedni, magunkat mutogatni, mind büszkeség. A vitákban és a verbális csatákban való részvétel minden lehetőségére ugrani, mind a büszkeség formája. Ha büszke vagy, azt kívánod, hogy szolgáljanak, és fel akarsz emelkedni. Miközben megpróbálsz hasznot húzni, és nevet szerezni magadnak, elkezded felhalmozni a gonoszt.

Meg kell bánnod ezt a fajta büszkeséget, és alázatos emberré kell válnod ahhoz, hogy boldog és vidám életet élvezhess. Ezért ezt mondta Jézus: "Bizony mondom néktek, ha meg nem tértek és olyanok nem lesztek mint a kis gyermekek, semmiképpen nem mentek be a mennyeknek országába." (Máté 18:3). Ha valaki büszke lesz a szívében, és azt hiszi, hogy mindig igaza van, valamint folyamatosan megpróbálja megvédeni az önbecsülését, a saját gondolataira támaszkodva, akkor nem tudja elfogadni Isten Igéjét úgy, ahogy van, és ennek megfelelően jár el, ezért nem kaphat megváltást.

A hamis próféták büszkesége

Ha megnézed az Ótestamentumot, látod, hogy a királyok megkérdezték a prófétákat a jövőbeli eseményekről, és a tanácsuk szerint cselekedtek. Akháb király volt Izráel északi királyságának hetedik királya, és a halála idején Baál imádata elterjedt volt, valamint a külföldi fronton az Arámmal vívott agresszív háború teljes mértékben felgyorsult. Ez azért következett be, mert Akháb elutasította, hogy meghallgassa Mikaiah próféta figyelmeztetéseit, és helyette a hamis próféták szavaiban bízott.

Az 1 Királyok 22-ben Akháb király megkéri a júdeai Josafát királyát, hogy csatlakozzon hozzá, amikor visszaszerzi Ramot Gileádot Arám királyának kezéből. Jehoshaphat király, aki szerette Istent, azt javasolta, hogy először konzultáljanak egy prófétával, hogy Isten akaratát megtudják, mielőtt bármilyen döntést hoznának. Ezután Akháb király összehívott mintegy négyszáz hamis prófétát, akik mindig hízelegtek neki, és tanácsot kért tőlük. Egyöntetűen megjósolták Izrael győzelmét.

Azonban Mikeás, aki igazi próféta volt, megjövendölte, hogy vereséget szenvednek. Végül Mikeás próféciáját figyelmen kívül hagyták, a két király összefogott, és Aram ellen indultak a harcba. Mi lett az eredmény? A háború egyik oldal győzelmét sem hozta. Akháb király, aki sarokba szorult, katonai álruhába öltözött, hogy elmeneküljön a csatatérről, de egy eltévedt nyílvessző eltalálta, és a vérvesztés miatt meghalt. Mindez abból adódott, hogy Akháb meghallgatta a hamis próféták próféciáit, de Mikeás próféta, az igazi próféta próféciáit nem hallgatta meg. A hamis próféták és hamis tanítók megkapják Isten ítéletét. A pokolba kerülnek - a kéntóba, amely hétszer melegebb, mint a tűz tava (Jelenések 21: 8)

Egy igaz próféta, akivel Isten együtt él, jó szívvel bír Isten előtt, így alkalmas arra, hogy helyes próféciát mondjon. A hamis próféták, azok, akik hivalkodó címmel vagy pozícióval rendelkeznek, úgy adják elő a gondolataikat, mintha próféciák lennének, és a nemzetüket pusztításra vezetik, vagy a népüket megtévesztik. Függetlenül attól, hogy egy családról, egy országról vagy egy egyházi intézményről beszélünk-e, ha egy jó és igaz ember szavát hallgatjuk meg, békét érezhetünk, mert követjük a jóságot. De ha egy gonosz embert követünk, akkor szenvedést és pusztulást tapasztalunk meg.

Az ítélet az emberek számára, akik büszkén és gonoszul járnak

Az 1 Timóteus 6:3-5 ezt tartalmazza: "Ha valaki másképpen tanít, és nem követi a mi Urunk Jézus Krisztus egészséges beszédeit és a kegyesség szerint való tudományt, Az felfuvalkodott, aki semmit sem ért, hanem vitatkozásokban és szóharcokban szenved, amelyekből származik irígység, viszálykodás, káromlások, rosszakaratú gyanúsítások, Megbomlott elméjű és az igazságtól megfosztott embereknek hiábavaló torzsalkodásai akik az istenfélelmet nyerekedésnek tekintik. Azoktól, akik ilyenek, eltávozzál."

Isten Igéje minden jóságot tartalmaz, ezért nincs szükség más doktrínára. Mivel Isten tökéletes és jó, csak az Ő tanításai igazak. Azonban a beképzelt emberek, akik nem ismerik az igazságot, csak beszélnek a különböző tanításokról, érvelnek, és magukkal büszkélkednek. Ha "ellentmondásos kérdésekről" beszélünk, úgy érvelünk, mintha csak nekünk lenne igazunk. Ha "szócsatáink" vannak, azt jelenti, hogy a hangunkat megemeljük, és szavakkal vitatkozunk. Ha "irigység" van bennünk, akkor kárt okozunk valakinek, aki nagyobb szeretetet kapott, mint mi. "Viszályt" akkor okozunk, ha olyan érveket hangoztatunk, amelyek megosztják az embereket. Ha ilyenné válunk, a szívünk romlást válthat ki, ezzel pedig a test munkáit végezzük ezzel, amit Isten gyűlöl.

Tehát: ha egy büszke ember nem tart bűnbánatot, és nem tér meg, Isten elfordítja az arcát tőle, és ítéletet kap. Nem számít, mennyit sír Istenhez, mondván: "Uram, Uram," és vallja azt, hogy hisz Istenben, ha nem bánja meg a tetteit, és továbbra is gonoszul cselekszik, az Ítélet Napján a pokol tüzébe fog kerülni, a többi pelyvával együtt.

Az igazak áldásai, akik félnek Istentől

Az a személy, aki igazán hisz Istenben, megszünteti a büszkeséget és a gonosz tetteit, hogy igazságos emberré váljon, aki fél Istentől. Mit jelent az Istentől való félelem? A Példabeszédek 8:13 szerint: "Az Úrnak félelme a gonosznak gyűlölése; a kevélységet és felfuvalkodást és a gonosz útat, és az álnok szájat gyűlölöm." Ha gyűlöljük a gonoszt, és megszüntetjük a gonoszság minden formáját, akkor olyan emberekké válunk, akik igazságból cselekszenek Isten szemében.

Az ilyen embereket Isten elárasztja a hatalmas szeretetével, és megadja nekik az üdvösséget, az imáikra válaszokat és áldásokat ad. Isten azt mondja: "És feltámad néktek, akik félitek az én nevemet, az igazságnak Napja, és gyógyulás lesz az ő szárnyai alatt, és kimentek és ugrándoztok, mint a hízlalt tulkok. És széttapodjátok a gonoszokat, és porrá lesznek lábaitok nyomása alatt azon a napon, amelyet én szerzek, azt mondja a Seregeknek Ura." (Malakiás 4:2-3).

Azokat, akik Istentől tartanak, és a Parancsolatait megtartják, amelyek minden emberre vonatkoznak (Próféta 12:13), Isten gazdagsággal, tisztességgel és élettel megáldja (Példabeszédek 22: 4). Ezért választ kapnak az imáikra, gyógyulást, áldásokat kapnak, hogy olyanokká válhassanak, mint a borjak, és élvezzék az igazi örömöt.

Az Exodus 15:26-ban Isten azt mondja: "Ha a te Uradnak Istenednek szavára hűségesen hallgatsz és azt cselekeszed, ami kedves az ő szemei előtt és figyelmezel az ő parancsolataira és megtartod minden rendelését: egyet sem bocsátok reád ama betegségek közül, amelyeket Égyiptomra bocsátottam, mert én vagyok az Úr, a te gyógyítód." Tehát függetlenül attól, hogy milyen betegség jön az útjába, az az ember, aki Istentől fél, gyógyulást kap, és egészséges életet él, végül pedig belép a mennybe, és élvezi az örök becsületet és dicsőséget.

Ezért alaposan meg kell vizsgálnunk magunkat. Ha megtaláljuk magunkban a büszkeség vagy a gonoszság bármilyen formáját, bűnbánatot kell tartanunk, és el kell fordulnunk a gonosz dolgoktól. Végül igazságos emberekké kell váljunk, akik alázattal és szolgálattal félnek Istentől.

15. fejezet

A bűnt, az igazlelkűséget és az ítéletet illetően

"De én az igazat mondom néktek: Jobb néktek, hogy én elmenjek: mert ha el nem megyek, nem jő el hozzátok a Vígasztaló: ha pedig elmegyek, elküldöm azt ti hozzátok És az, mikor eljő, megfeddi a világot bűn, igazság és ítélet tekintetében: Bűn tekintetében, hogy nem hisznek én bennem; És igazság tekintetében, hogy én az én Atyámhoz megyek, és többé nem láttok engem; Ítélet tekintetében pedig, hogy e világnak fejedelme megítéltetett."
(János 16:7-11)

Ha hiszünk Jézus Krisztusban, és a szívünket megnyitva elfogadjuk Őt a Megmentőnkként, akkor Isten elküldi a Szentlelket ajándékba nekünk. A Szentlélek által újra megszületünk, mert segíteni fog megérteni Isten Igéjét. Sokféleképpen működik a Szentlélek, például arra vezet minket, hogy az igazságban éljünk, és elvezet a teljes megmentésre. Ezért a Szentlélek által meg kell tanulnunk, hogy mi a bűn, és tudjunk különbséget tenni a jó és a rossz között. Azt is meg kell tanulnunk, hogyan cselekedhetünk igazságosan, hogy a mennybe juthassunk, és a pokol ítéletét elkerülhessük.

A bűnről

Jézus elmondta a tanítványoknak, hogy meg kell halnia a keresztre szegezve, és elmondta, hogy számos nehézségen kell majd a tanítványainak keresztülmenniük. Azzal biztatta őket, hogy fel fog támadni, és a mennybe fog menni, majd követi Őt a Szentlélek. Csodálatos dolgokat fognak általa megtapasztalni. Jézus felemelkedése egy szükséges lépés volt a Szentlélek, a Segítő elküldése érdekében.

Jézus azt mondta, hogy a Szentlélek által megítéli majd a világot a bűnnel és az igazsággal és az ítélettel kapcsolatban. Mit ért az alatt, hogy a Szentlélek "megfeddi a világot bűn, igazság és ítélet tekintetében"? Amint írva van a János 16:9-ben: "Bűn tekintetében, hogy nem hisznek én bennem," - nem hinni Jézus Krisztusban bűn, ami azt jelenti, hogy akik nem hisznek Benne, végül ítéletet kapnak. Akkor: miért bűn, ha nem hiszünk Jézus Krisztusban?

A szeretet Istene elküldte az egyedüli Fiát, Jézus Krisztust erre a világra, hogy megnyissa az emberiség - aki Ádám engedetlenségének köszönhetően rabszolgává vált - üdvösségének útját. A kereszthalála által Jézus megváltotta az emberiséget minden bűntől, megnyitotta az üdvösség kapuját, és az egyetlen Megváltó lett. Ha nem hiszünk ebben a tényben, tudva róla, önmagában is bűn. Az az ember, aki nem fogadja el Jézus Krisztust, mint Megváltóját, nem fogadhatja el a bűn bocsánatát sem, így továbbra is bűnös marad.

Miért bírálja a bűnt Ő

Láthatjuk, hogy létezik egy Teremtő Isten, csak ha a teremtés egészét megnézzük. A Róma 1:20 szerint: "Mert ami Istenben láthatatlan, tudniillik az ő örökké való hatalma és istensége, a világ teremtésétől fogva az ő alkotásaiból megértetvén megláttatik; úgy, hogy ők menthetetlenek." Ez azt jelenti, hogy senki nem hivatkozhat arra az, hogy azért nem hisz, mert nem ismeri Istent.

Még egy kis karórát sem lehet csak úgy, véletlenül összeütni, emberi tervező és gyártó nélkül. Akkor: hogyan alakulhatott ki a legösszetettebb és legnehezebben érthető univerzum, önmagában, véletlenül? A világegyetem megfigyelésével az ember felfedezheti Isten isteni és örök erejét.

Mostanában Isten megmutatja magát jelek és csodák révén, azokon az embereken keresztül, akiket szeret. Sok mai ember valószínűleg legalább egyszer megtapasztalta, hogy valaki megtérítette őt az Istenben való hitre, mert Ő valóságos. Vannak emberek, akik személyesen is tanúi lehettek egy csodának, vagy első kézből tanúskodtak róla. Miután látta és hallotta ezeket a jeleket és csodákat, ha az ember nem hisz, mert a szíve zavart, akkor végső soron a halál felé megy. Ez azt jelenti, amit a Szentírás a Szentlélekről mond: "megfeddi a világot bűn tekintetében."

Az ok, amiért az emberek nem fogadják el az evangéliumot általában az, hogy bűnös életet élnek, miközben a saját előnyeiket keresik. Gondolván, hogy ez a világ minden, ami létezik, nem tudnak hinni a Mennyben és az örök életben. Máté evangéliuma 3. fejezetében Keresztelő János az emberekhez fordul, hogy bűnbánatot tartsanak, mert közel van a mennyek országa. Azt is mondja: "A fejsze pedig immár a fák gyökerére vettetett. Azért minden fa, amely jó gyümölcsöt nem terem, kivágattatik és tűzre vettetik." (10. vers) and "Akinek szóró lapát van az ő kezében, és megtisztítja az ő szérűjét; és az ő gabonáját csűrbe takarítja, a polyvát pedig megégeti olthatatlan tűzzel." (12. vers).

A gazdálkodó vet, műveli a földet, megtermeli a gyümölcsöket, és begyűjti a termést. Aztán elviszi a gabonát az istállóba, és kiszűri és eldobja a pelyvát. Isten ugyanígy teszi. Isten műveli az emberiséget, és az örök élethez vezeti az igaz gyermekeit, akik az igazságban élnek. Ha a világot kergetik és bűnösök maradnak, egyedül kell hagynia őket, hogy elpusztítsák magukat. Annak érdekében, hogy búzává váljunk és megkapjuk az üdvösséget, igaznak kell lennünk, és hittel követnünk kell Jézus Krisztust.

Az igazságosságról

Isten gondviseléséből Jézus eljött erre a világra, és meghalt a kereszten, hogy megoldja az ember bűnének problémáját. Azonban képes volt legyőzni a halált, feltámadt és felment az égbe, mert nem volt eredeti bűne, saját vétke sem, és az igazságban élt. A János 16:10-ben Jézus ezt mondta: "...És igazság tekintetében, hogy én az én Atyámhoz megyek, és többé nem láttok engem..." There is an implicit meaning contained in these words. Van egy rejtett jelentése ezeknek a szavaknak.

Mivel Jézusnak nem voltak bűnei, képes volt teljesíteni a küldetését, hogy eljött erre a világra, mert nem lehetett a halállal megkötni, és feltámadt. Az Atya Isten elé ment annak érdekében, hogy a Mennyországot a feltámadás első gyümölcseként megnyerje. Ezt nevezi "igazságosságnak." Tehát amikor elfogadjuk Jézus Krisztust, megkapjuk a Szentlélek ajándékát, és megszerezzük a hatalmat, hogy Isten gyermekei legyünk. Jézus Krisztus elfogadása révén nem az ördög gyermekei vagyunk, hanem Isten szent gyermekeivé válunk az újjászületés által.

Ezt jelenti az, hogy üdvösséget nyerünk, mert a hit által "igazlelkűnek" neveznek minket. Nem azért van, mert valami olyasmit tettünk, ami megérdemli az üdvösséget. Csak a hit által kapjuk meg az üdvösséget, és nem fizetünk árat érte. Ezért kell mindig hálát adnunk Istennek, és igazságban élnünk. Vissza tudjuk szerezni Isten képét, amikor a bűn ellen küzdünk egészen addig, amíg a vérünket ontjuk, hogy utánozzuk az Urunk szívét.

Miért ítélkezik az igazságosság jegyében?

Ha nem az igazságban élünk, még a hitetlenek is gúnyolódnak rajtunk. A hit akkor teljes, ha cselekedetek követik, és a cselekvés nélküli hit halott (Jakab 2:17). A hitetlenek elítélik a hívőket a saját perspektívájukból, mondván: "Azt mondod, templomba jársz, és mégis iszol és dohányzol? Hogyan vétkezhetsz, és hívhatod magad Krisztus követőjének?!" Tehát: ha hívőnek vallod magad mert megkaptad a Szentlelket, de nem élsz igazlelkű életet, és így ítéletet kapsz, ez az, amit a Szentírás "az igazságosság ítéleteként" hív.

Ebben az esetben Isten megfeddi és megfegyelmezi a gyermekeit a Szentlélek által, ezért nem fognak többé bűnös életet élni. Az ok, amiért Isten megenged bizonyos erőpróbákat és nehézségeket az emberek családjában, munkahelyén, üzleti életében az, hogy szeretné rávenni őket, hogy igazságos emberként cselekedjenek. Továbbá, mivel az ellenséges ördög és Sátán megvádolja őket, Isten kénytelen megengedni a megpróbáltatásokat a lelki törvény szerint.

Az írástudók és farizeusok biztosak voltak abban, hogy igazságos életet élnek, mert úgy gondolták, hogy ismerik a Törvényt, és szigorúan megtartják. Azonban Jézus azt mondja nekünk, hogy ha az igazságosságunk nem szárnyalja túl az írástudók és farizeusok igazságát, akkor nem fogunk bemenni a mennyországba. (Máté 5:20). Azzal, hogy felkiáltunk: "Uram, Uram," nem jelenti azt, hogy megnyertük az üdvösséget. Annak érdekében, hogy a mennyország a miénk legyen, hinnünk kell az Úrban a szívünk közepéből, meg kell szabadulunk a bűneinktől, és igazságosan kell élnünk.

"Igazságban élni" nem csak azt jelenti, hogy meghallgatjuk Isten Igéjét, és megtartjuk a fejünkben pusztán úgy, mint tudást. Azt jelenti, hogy igazságos emberré válunk, mert a szívünkben hiszünk, és az Isten Igéje szerint cselekszünk. Képzeld el, hogyan nézne ki a mennyország, hogyha tele volna rablókkal, hazugokkal, csalókkal, féltékeny emberekkel, satöbbi. Isten nem azért műveli az emberiséget, hogy a mennyországba a pelyvát vigye. Isten célja az, hogy a búzát, az igazságosakat vigye a mennyországba.

Az ítéletről

A János 16:11 ezt tartalmazza: "...Ítélet tekintetében pedig, hogy e világnak fejedelme megítéltetett." Itt "a világ ura" a Sátánra vonatkozik. Jézus azért jött erre a világra, mert az emberiség bűnös volt. Az igazságosság munkáját befejezte, és hátrahagyta a végső ítéletet. Azonban mondhatjuk, hogy a végső ítélet már megszületett, mert csak a Jézus Krisztusba vetett hittel nyerheti el az ember a bűnei bocsánatát és az üdvösséget.

Azok, akik nem hisznek, végül a Pokolra jutnak És ez olyan, mintha már megkapták volna az életüket. Ezért a János 3:18-19 ezt mondja: "Aki hiszen ő benne, el nem kárhozik; aki pedig nem hisz, immár elkárhozott, mivelhogy nem hitt az Isten egyszülött Fiának nevében. Ez pedig a kárhoztatás, hogy a világosság e világra jött, és az emberek inkább szerették a sötétséget, mint a világosságot; mert az ő cselekedeteik gonoszak valának."

Mit tehetünk, hogy elkerüljük az ítélet megkapását? Isten azt mondta, hogy józanok legyünk, igazságosan cselekedjünk, és hagyjuk abba a bűnöket (1 Korintusi 15:34). Azt is mondta, hogy a gonoszság minden formájától tartsuk vissza magunkat (1 Thesszalonika 5:22). Annak érdekében, hogy igazságosságban járjunk el Isten szemében, nagyon határozottan meg kell szabadulnunk a külső, látszó bűneinktől, de el kell hogy dobjuk magunktól a gonoszság legkisebb formáját is.

Hogyha utáljuk a gonoszságot, és megfogadjuk, hogy a jóságban maradunk, akkor megszabadulhatunk a bűnöktől. Lehet, hogy ezt kérdezed: "Nagyon nehéz megszabadulni egyetlen saját bűnünktől is. Hogyan tudunk megszabadulni az összes bűnünktől?" Gondolkodj el. Hogyha megpróbálod egyenként kitépni egy nagy fának a gyökereit, nagyon nehéz lesz, de hogyha a fő gyökeret szeded ki, akkor az összes többi, kisebb gyökér automatikusan kijön vele. Hasonlóan, hogyha arra koncentrálsz, hogy a legnagyobb bűntől szabadulj meg először úgy, hogy böjtölsz és buzgón imádkozol, amikor csak tudsz, akkor a bűnös természet többi részét is ezzel együtt ki tudod küszöbölni.

Egy ember szívében vannak testbeli kívánságok, a szem kívánságai, és az élet bűnös büszkesége. Ez a gonoszság számos formáját jelenti, amely az ellenséges ördögtől származik. Ezért az ember nem tudja ezeket a bűnöket a saját akaratából levetkőzni. A Szentlélek segít azoknak, akik erőfeszítést tesznek, hogy szentté váljanak, és imádkoznak. Mivel Istennek tetszenek az erőfeszítéseik, ezért erőt és kegyelmet küld nekik. Amikor ez az a négy dolog: a kegyelem és az Istentől jövő erő fentről, a saját erőfeszítéseink, és a Szentlélek segítsége együtt dolgozik, akkor biztos le tudjuk küzdeni a bűneinket.

Annak érdekében, hogy ez a folyamat megtörténjen, el kell vágnunk a szemünk vágyát. Ha valami valótlan, akkor a legkedvezőbb számunkra, ha nem látjuk, halljuk meg, vagy nem állunk közel hozzá. Tegyük fel, hogy egy tizenéves valamilyen obszcén dolgot látott egy videón vagy a televízióban. A szemek vágya révén a szíve elindul, és a szívében lévő húsos, testi vágyak stimulálódnak. Ez azt jelenti, hogy a tini gonosz tervekről gondolkodik, és amikor ezek a tervek cselekvésre váltódnak, mindenféle probléma fordulhat elő. Ezért fontos mindannyiunk számára, hogy megszüntessük a szemek vágyát.

A Máté 5:48 ezt mondja: "Legyetek azért ti tökéletesek, miként a ti mennyei Atyátok tökéletes." És az 1 Péter 1:16-ban Isten ezt mondja: "Szentek legyetek, mert én szent vagyok." Lehet, hogy néhányan ezt kérdezik: "Hogyan válhat egy ember tökéletessé és szentté, mint Isten?" Isten azt akarja, hogy szentek és tökéletesek legyünk. És igen, a saját erőnkből nem tudjuk elérni ezt. Ezért Jézus magára vette a keresztet, és a Szentlélek, a Segítő segít nekünk. Csak mivel valaki azt állítja, hogy elfogadta a Jézus Krisztust, és így kiált hozzá: "Uram, Uram," nem jelenti azt, hogy a mennyországba fog menni. Meg kell hogy szabaduljon a bűneitől, és igazságos életet kell hogy éljen annak érdekében, hogy elkerülje az ítéletet, és bemenjen a mennyországba.

A Szentlélek elítéli a világot

Miért jött el a Szentlélek, hogy ítélkezzen a világ fölött az igazságosság, a bűn és az ítélet szerint? Azért, mert a világ tele van gonoszsággal. Hogyha valamit eltervezünk, tudjuk, hogy van egy vég és egy kezdet. Hogyha megnézzük a világon történő jeleket manapság, láthatjuk, hogy közeleg a vég.

Isten, a Teremtő felülvigyázza az emberiség történelmét, és világos terve van a kezdettel és a véggel kapcsolatban. Hogyha megnézzük a Bibliában levő folyamatot, akkor világos különbség van a jó és a gonosz között, és világos magyarázat van arra, hogy a bűn a halálra vezet, és az igazság az igaz életre. Azok, akik Istenben élnek, áldást kapnak Istentől, és Isten velük lakik. Azonban azok, akik nem hisznek Benne, végül ítéletet kapnak, és a halál útjára térnek. Isten ítélete régóta fennáll, és nem passzív (2 Péter 2:3).

Mint a nagy áradás idején Noé idejében, vagy Sodoma és Gomora pusztulásakor Ábrahám idejében, hogyha a gonoszság elér egy határt, akkor Isten ítélete lecsap ránk. Annak érdekében, hogy az izraeliták kimehessenek Egyiptomból, Isten tíz csapást küldött Egyiptomra. Ez volt az ítélet a Fáraó fölött, mivel arrogáns volt.

Közel 2000 évvel ezelőtt, amikor Pompei nagyon korrupttá vált, mert rendkívüli perverzitás és dekadencia uralta, Isten tönkretette a várost egy természeti katasztrófával, egy vulkánkitöréssel. Hogyha meglátogatod a várost ma, akkor látod, hogy a várost befedi a vulkáni hamu, és pontosan úgy van, mint amikor elpusztult. Egyetlen pillantással látható a korrupció.

Az Újtestamentumban is, Jézus egyszer megszidta a képmutató írástudókat és farizeusokat, azt mondva: "Jaj nektek," hétszer. Annak érdekében, hogy megakadályozza, hogy a világ ítéletbe és a Pokolba hulljon, a világ felett ítélkezett, és megszidta. A Máté 24 fejezetében a tanítványok azt kérik Jézustól, hogy mondja el, hogy melyek az Ő eljövetelének a jelei az idő végén. Jézus megmagyarázta nekik részletesen, hogy egy hallatlan nagy megpróbáltatás fog bekövetkezni. Isten nem nyitja meg a mennyország kapuját, és nem önt le vizet vagy tüzet, amint a múltban tette, hanem olyan ítéletet mond, amely megfelel az időnek.

A Jelenések könyve azt jövendöli, hogy nagyon modern fegyverek jelennek meg, és nagy pusztulás fog bekövetkezni egy elképzelhetetlenül nagy méretű háború által. Amikor Isten terve az emberi művelés tekintetében a végéhez ér, elérkezik a nagy ítélet. Amikor ez a nap eljön, egy nagy ítélet keretében eldöntik, hogy valaki a Pokolban, vagy a mennyországban él örökre. Hogy kell éljünk most?

Vessük el a bűnt, és éljünk igazságos életet

Annak érdekében, hogy elkerüljük az ítéletet, meg kell szabadulnunk a bűneinktől, és az igazságban kell élnünk. Ami még fontosabb az, hogy minden személynek fel kell szántania a szívét Isten igéjével, csakúgy, ahogyan egy földművelő felszántja a földet. Fel kell hogy szántsuk az útszéli kavicsos talajt, a tövises talajt, és jó termőfölddé kell alakítanunk.

Azonban néha így tűnődünk: "Miért van az, hogy Isten a hitetleneket békén hagyja, de nagyon nagy nehézségeket enged meg nekem, aki hívő vagyok?" Ez azért van, mert csakúgy, ahogy egy virágcsokor gyökér nélkül szép kívülről, igazából nincs élete, a hitetlenek fölött már ítélkeztek, és a Pokolba jutnak, ezért nem szükség megfegyelmezni őket. Isten azért fegyelmez minket, mert mi vagyunk az igaz gyermekei, nem a törvénytelen gyermekei. Ezért inkább hálásnak kell lennünk az Ő fegyelmezéséért (Zsidó 12:7-13). Csakúgy, ahogy a szülőknek fegyelmezniük kell a gyermekeiket, mert szeretik őket, és el szeretnék vezetni a jó útra őket, még akkor is, hogyha néha pálcát kell alkalmazniuk. Mivel mi vagyunk Isten gyermekei, amikor szükséges, Isten megengedi, hogy nehézségek történjenek az életünkben, és így elvezet minket az üdvösségre.

A Prédikátor 12:13-14 ezt mondja: "A dolognak summája, mindezeket hallván, ez: az Istent féljed, és az ő parancsolatit megtartsad; mert ez az embernek fődolga! Mert minden cselekedetet az Isten ítéletre előhoz, minden titkos dologgal, akár jó, akár gonosz legyen az." Igazságban élni azt jelenti, hogy az ember teljes feladatát teljesítjük az életünkben. Mivel Isten Igéje azt mondja, hogy imádkozzunk, imádkozni kell. Mivel azt mondja, hogy tartsuk meg az Úr napját szenteltnek, meg kell hogy tartsuk az Úr napját szentnek. Amikor azt mondja, hogy ne ítélkezzünk, akkor nem kell ítélkeznünk. Ha megtartjuk az Isten Igéjét, és annak megfelelően cselekszünk, életet kapunk, és az örök élet útjára térünk.

Ezért remélem, hogy ezeket az üzeneteket beírod a szívedbe, búzává válsz, amely lelki szeretetet terem, amint az 1 Korintusi 13. fejezetében látjuk, a Szentlélek kilenc gyümölcsévé (Galata 5:22-23), és a Szépségek áldásává (Máté 5:3-12). Az Úr nevében imádkozom, hogy ha ezt teszed, nemcsak hogy üdvösséget nyerj, hanem Isten gyermekévé válj, aki úgy ragyog, mint a nap a mennyei Királyságban.

A szerző
Dr. Jaerock Lee

Dr. Jaerock Lee Muanban, Jeonnam Tartományban, a Koreai Köztársaságban született, 1943-ban. A húszas éveiben hét évig gyógyíthatatlan betegségekben szenvedett, és a gyógyulás reménye nélkül várta a halált. Egy napon 1974-ben azonban a nővére elvitte egy templomba, és amikor letérdelt, hogy imádkozzon, az Élő Isten az összes betegségéből kigyógyította.

Attól a pillanattól fogva, hogy e csodás tapasztalat révén Dr. Lee találkozott az Élő Istennel, teljes szívéből és őszintén szereti Istent, és 1978-ban elhivatott az Ő szolgájaként. Buzgón imádkozott, hogy megérthesse Isten akaratát, és teljesen beteljesítse azt, és Isten igéjét teljesen betartotta. 1982-ben megalapította a Manmin Központi Egyházat Szöulban, Koreában, és azóta számtalan isteni munka történt ebben a templomban, beleértve a nagyszerű gyógyulásokat és a csodákat.

1986-ban lelkésszé szentelték a Jézus Sungkyul Koreai Egyházának éves összejövetelén, és négy évvel később, 1990-ben az istentiszteleteit elkezdték közvetíteni Ausztráliában, Oroszországban, a Fülöp-szigeteken, és számos más országban, a Far East Broadcasting Company, az Asia Broadcast Station, valamint a Washington Christian Radio System közreműködésével.

Három évvel később, 1993-ban a Manmin Központi Templomot beválasztották "A világ legjobb 50 temploma" közé, a Christian World magazin által (USA), és tiszteletbeli doktori címet kapott a Christian Faith College, Florida, USA, intézménytől, és 1996-ban doktori címet is - a lelkészi tudományokban - az iowai Kingsway Theological Seminary-től, az Egyesült Államokból.

1993 óta Dr. Lee a világmisszió terén vezető szerepet vállal, külföldön az Egyesült Államokban, Tanzániában, Argentínában, Ugandában, Japánban, Pakisztánban, Kenyában, a Fülöp-szigeteken, Hondurasban, Indiában, Oroszországban, Németországban és Peruban, és 2002-ben "világszintű lelkésznek" nevezték a vezető koreai keresztény újságok, a külföldi Nagy Egyesült Missziókban kifejtett tevékenységéért.

2002-ben elismerték, mint "globális misszionáriust," az erős szolgálatáért különböző külföldi missziókban, vezető keresztény újságokban Koreában. Különösen jelentős ezek között a "New York Crusade 2006," melyet a Madison Square Gardenben tartottak, amely a leghíresebb aréna a világon. Az eseményt 220 nemzetnek közvetítették. Az "Izrael Egyesült Crusade 2009" nevezetű eseményt a Nemzetközi Kongresszusi Központban (ICC) tartották, ahol bátran hirdette Jézus Krisztust, mint a Messiást és Megváltót.

A prédikációit 176 nemzetnek sugározzák műholdakkal, beleértve a GCN TV-t, és szerepel a "Top 10 legbefolyásosabb keresztény vezető" listáján 2009-ben és 2010-ben. A népszerű orosz keresztény magazin, az In Victory és a Christian Telegraph hírügynökség említi a széles körű televíziós műsor- közvetítéseit, és a külföldi egyházi szolgálatát lelkészként.

2016. decemberig a Manmin Központi Templom több mint 120. 000 tagot számlált, 11.000 hazai és külföldi leányegyháza volt szerte a világon, valamint 56 hazai temploma, és eddig több mint 102 misszionáriust küldött 23 országba, beleértve az Egyesült Államokat, Oroszországot, Németországot, Kanadát, Japánt, Kínát, Franciaországot, Indiát, Kenyát, és sok más országot.

A mai napig Dr. Lee 105 könyvet írt, közöttük a rekord példányszámban eladott Az örök élet megkóstolása a halál előtt, Életem, hitem, A kereszt üzenete, A hit mértéke, A Mennyország I és II, A pokol, Isten hatalma, és a munkáit több mint 75 nyelvre lefordították.

A keresztény írásai a következő lapokban jelennek meg: The Hankook Ilbo, The JoongAng Daily, The Chosun Ilbo, The Dong-A Ilbo, The Munhwa Ilbo, The Seoul Shinmun, The Kyunghyang Shinmun, The Korea Economic Daily, The Korea Herald, The Shisa News, és The Christian Press.

Dr. Lee jelenleg több tisztséget tölt be: a Koreai Egyesült Szentség Egyház elnöke; a The Nation Evangelization Paper újság vezérigazgatója; a Manmin Misszió elnöke; a Manmin TV alapítója; a Global Christian Network (GCN) alapítója és igazgatótanácsának elnöke; a The World Christian Doctors Network (WCDN) alapítója és igazgatótanácsának elnöke; és a Manmin Nemzetközi Lelkészképző (MIS) alapítója és igazgatótanácsának elnöke.

Más, hasonlóan hatásos könyvek a szerzőtől:

Mennyország I & II

Egy részletes vázlat a mennyei állampolgárok dicsőséges körülményeiről, amelyet Isten dicsőségében élveznek.

A Kereszt Üzenete

Egy erőteljes ébresztő üzenet mindazoknak, akik spirituálisan alszanak. Ebben a könyvben megtalálod Isten igaz szeretetét, valamint megtudod: miért Jézus az egyedüli Megmentő?

Pokol

Egy őszinte üzenet az emberiségnek Istentől, aki azt kívánja, hogy egyetlen lélek se hulljon a pokol mélységeibe! Felfedezheted Hadész soha fel nem tárt képét, valamint a pokol kegyetlen valóságát.

Szellem, Lélek és Test I & II

Egy kézikönyv, mely segíti spirituális megértést a lélekkel, szellemmel, testtel kapcsolatban, és segít megtalálni, hogy milyen „énünk" van, hogy erőt nyerjünk, mellyel a sötétséget legyőzhessük, és a szellem emberévé váljunk.

A Hit Mértéke

Milyen mennyei helyet, és milyen koronákat és jutalmakat készítenek elő a számodra a mennyekben? Ez a könyv ellát bölcsességgel és útmutatással téged, hogy megmérhesd a hited, valamint a legjobb és a legérettebb hitet gyakorolhasd.

Ébredj Izrael!

Miért tartotta Isten a szemét a világ végétől máig Izraelen? Milyen gondviselést tartogat Izrael számára – akik ma is a Messiást várják – az utolsó napokra?

Életem, Hitem I & II

Dr. Jaerock Lee önéletrajza a legkellemesebb spirituális aromát nyújtja az olvasó számára, az élete az Isten iránti szeretet által kezdett virágozni, miután sötét hullámok, hideg járom jutott számára, valamint a legmélyebb elkeseredés.

Isten Hatalma

Egy kihagyhatatlan olvasmány, egy alapvető útmutató az igaz hit eléréséhez, és Isten csodáinak megtapasztalásához.

www.urimbooks.com

www.ingramcontent.com/pod-product-compliance
Lightning Source LLC
LaVergne TN
LVHW010315070526
838199LV00065B/5574